Muffins, Cookies & Co.

Claudia Daiber
Cornelia Klaeger

Muffins, Cookies & Co.

Köstliche kleine Kuchen
und neue pikante Snacks

MIDENA

Die Deutsche Bibliothek – CIP-Einheitsaufnahme

Muffins, Cookies & Co.: Köstliche kleine Kuchen und neue pikante Snacks / Claudia Daiber / Cornelia Klaeger. [Foodfotos: Odette Teubner]. – Augsburg: Midena. 1998
   ISBN 3-310-00449-X

Midena Verlag, Augsburg
© 1998 Weltbild Verlag GmbH, Augsburg
Alle Rechte vorbehalten

Layout: Hampp Verlag, Stuttgart
Umschlaggestaltung: Michael Ballermann, Augsburg
Foodfotos: S. 14/15, 19, 31, 33, 35, 38/39, 47, 49, 50/51, 55, 63, 65, 74/75, 79, 83: Odette Teubner, Füssen; übrige: Pfanni-Maizena Markenartikel GmbH, Heilbronn
Freisteller: mt-color MEDIEN TECHNIK Consulting GmbH, 81737 München: S. 20, 26, 27, 41, 42, 52, 61 – creativ collection: S. 34, 56, 86 – Weser: Seite 37 – Hampp Verlag: S. 17, 23, 53, 57, 69, 70, 77, 87, 89
Satz: Hampp Verlag, Stuttgart
Lithos: Bild und Text GmbH Baun, Fellbach
Druck und Bindung: Offizin Andersen Nexö, Leipzig – ein Betrieb der INTERDRUCK Graphischer Großbetrieb GmbH
Printed in Germany

Gedruckt auf umweltfreundlich elementar chlorfrei gebleichtem Papier

ISBN 3-310-00449-X

Inhaltsverzeichnis

IV Für Partys

Abkürzungen

EL = Eßlöffel
TL = Teelöffel
Msp. = Messerspitze
Pck. = Päckchen
kg = Kilogramm
g = Gramm
l = Liter
ml = Milliliter
TK = Tiefkühl
geh. = gehackt
gem. = gemahlen
ger. = gerieben
gestr. = gestrichen

Einleitung

Muffins und Cookies, das sind weit mehr als kleine süße Kuchen und Kekse zum Tee oder Kaffee! In den USA werden sie zu allen möglichen Gelegenheiten gereicht: zum Frühstück ebenso wie als Zwischenmahlzeit oder als kleiner Snack zum Aperitif, dann sind sie allerdings eher pikant. Und da im Land der unbegrenzten Möglichkeiten Fast Food hoch im Kurs steht, nimmt es kaum Wunder, daß sie schnell zubereitet und fix gebacken sind. Sicherlich ist dies ein Grund, warum auch bei uns Muffins und Cookies mittlerweile zahlreiche Anhänger gefunden haben. Darüber hinaus sind sie wahre Multi-Talente, denn sie können im Geschmack nahezu beliebig variiert werden, eignen sich besonders gut zum Einfrieren und sind auch im Nu wieder aufgebacken. Das Schöne ist: Muffins und Cookies gelingen eigentlich immer – auch wenn man kaum Backerfahrung hat, und sie können durchaus mit so manchem aufwendigen Gebäck konkurrieren.

Muffins und Cookies – eine amerikanische Erfindung?

Die Herkunft des Wortes *Muffin* ist bis heute nicht eindeutig geklärt. Es wird ein Zusammenhang mit dem niederdeutschen Wort *muffe* vermutet, was soviel bedeutet wie Kuchen. Sicher ist nur, daß Muffins zum ersten Mal 1703 im englischsprachigen Raum schriftlich erwähnt wurden. Ursprünglich waren es wohl einfache Brötchen, die in England auch als *bannocks* oder *gems* vorzugsweise zum Tee, in den USA zum Frühstück oder als Beilage zur Hauptmahlzeit gereicht wurden. Diese »Ur-Muffins« wurden aus Hefeteig hergestellt. Erst seit der Erfindung des Backpulvers 1840 werden Muffins in den USA mit Backpulver oder Backnatron oder einer Mischung aus beiden Triebmitteln gebacken. Traditionsbewußte Engländer bevorzugen dagegen nach wie vor Muffins aus Hefeteig!
Die ersten *cookies* wurden im 17. Jahrhundert in Europa gebacken. Erst im späten 18. Jahrhundert nahmen dänische Siedler die Rezepte für ihre Kekse mit in die neue Welt, wo dann aus dem Wort *koekje* das amerikanische *cookies* wurde.

Zutaten für Muffins, Cookies & Co.

Ob Muffins, Cookies oder andere Kleingebäcke, sie alle enthalten Mehl, eventuell Zucker oder andere Süßungsmittel, Fett, Milch oder ein Milchprodukt und darüber hinaus jede Menge beliebige Zutaten, die ihnen ihren ganz besonderen Geschmack verleihen. Süßes Gebäck kann beispielsweise Nüsse, Rosinen oder andere Trockenfrüchte, frisches Obst und Beeren enthalten, während pikantem meist Gemüse, Käse, Schinken, Kräuter und verschiedenste Gewürze hinzugefügt werden.
Mit der Wahl der Zutaten wird die Konsistenz, der Geschmack und letztlich auch

7

der Nährwert des jeweiligen Gebäckes bestimmt. Der Muffin-Bäcker kann seiner Phantasie freien Lauf lassen!

Mehl

In den Rezepten dieses Buches ist mit der Angabe »Mehl« immer Mehl Type 405 gemeint. Wenn in Ihrem Supermarkt Mehl mit Weizenkeimen angeboten wird, greifen Sie zu. Denn es hat dieselben Backeigenschaften wie Mehl Type 405, liefert aber im Gegensatz dazu noch die im Keim enthaltenen Vitamine und Mineralstoffe. Mehl Type 1050 ist eine weitere Alternative: Dieses Mehl hat einen Ausmahlungsgrad von 82–85 %, liefert also einen deutlich höheren Anteil an wertvollen Bestandteilen des ganzen Korns. Selbstverständlich können Sie das weiße Mehl auch durch Vollkornmehl ganz oder teilweise ersetzen, um den Nährwert zu erhöhen. Im Gegensatz zu ausgemahlenen Mehlen sind im Vollkornmehl alle wertvollen Bestandteile des Getreidekorns (Ballaststoffe, Mineralstoffe, Vitamine, essentielle Fettsäuren) enthalten. Beachten Sie allerdings bei der Verwendung von Mehlsorten ohne Klebereiweiß, wie Buchweizen, Mais, Hirse oder Reis, daß nur die Hälfte des Weizenmehls dadurch ersetzt wird, damit das Gebäck trotzdem luftig und elastisch wird. Wer weißes Mehl vollständig durch Vollkornmehl ersetzt, sollte die zugesetzte Flüssigkeit um etwa 10 % erhöhen und den Teig vor dem Backen noch 10–15 Minuten ruhen lassen, damit das Mehl ausquellen kann und das Gebäck lockerer wird. Testen Sie selbst, was Ihnen am besten schmeckt.

Von oben nach unten: Mehl Type 405, Mehl mit Weizenkeimen, Mehl Type 1050

Oben: weißer Zucker.
Mitte, links: Ahornsirup.
Mitte, rechts: brauner
Zucker.
Unten: Honig.

Lockerungsmittel oder Backtriebmittel

Damit Muffins, Cookies und anderes Gebäck während des Backprozesses aufgehen und locker werden, muß ein Backtriebmittel zugesetzt werden. Bei den Rezepten in diesem Buch wird hauptsächlich Backpulver verwendet.

In Amerika wird in Kombination mit Backpulver häufig noch Backnatron unter das Mehl gemischt. In einigen Rezepten haben wir ebenfalls Natron angegeben, Sie können es aber auch problemlos durch dieselbe Menge Backpulver ersetzen.

Zucker und andere Süßungsmittel

Zum Süßen von Gebäck gibt es verschiedene Möglichkeiten. Meistens sorgt Zucker für die gewünschte Süße. Ebenfalls geeignet sind Honig und Ahornsirup, aber auch Trockenfrüchte wie Rosinen, getrocknete Aprikosen und Datteln. Darüber hinaus bekommen Sie noch verschiedene andere süßende Zutaten im Reformhaus oder Bioladen. Probieren Sie aus, welche Süßungsmittel Ihnen in welchen Muffins schmecken. Denn natürliche Süßungsmittel verändern den Geschmack des Gebäcks erheblich und haben eine niedrigere Süßkraft als Zucker. Dafür liefern sie wertvolle Inhaltsstoffe wie Mineralstoffe und Vitamine.

In unseren Rezepten werden überwiegend weißer, raffinierter Zucker und »brauner Zucker« verwendet.

Brauner Zucker: Brauner Zucker hat eine niedrigere Süßkraft sowie einen intensiveren, kräftigeren Geschmack als weißer Zucker und paßt besonders gut zu nussigen und kernigen Gebäcken. Im Hinblick auf seine Herkunft, Herstellung und seine

Zusammenstellung ist brauner Zucker nicht gleich brauner Zucker, sondern ein Oberbegriff für verschiedene dunkle Zuckersorten.

Sie können davon ausgehen, daß es sich beim braunen Zucker, der im Supermarkt angeboten wird, um ein Zwischenprodukt der Zuckerraffination handelt. Dieser Zucker unterscheidet sich in seinem Nährstoffgehalt nur unwesentlich vom weißen Zucker. Er weist lediglich kleinste Spuren von Mineralstoffen und Vitaminen auf. Im Gegensatz dazu enthalten die aus Zuckerrohr- bzw. Zuckerrübensaft hergestellten braunen Zucker, die vorwiegend im Reformhaus und Bioladen angeboten werden, alle Mineralstoffe und Vitamine des Ausgangsprodukts. Diese Zuckersorten werden häufig auch als »Vollzucker«, »Vollrohrzucker« oder »Rohzucker« bezeichnet.

Fett

Zum Backen wird bei uns üblicherweise Butter oder Margarine verwendet. In den USA spielt Speiseöl für die Zubereitung von Rührteigen – wie dem Muffinteig – ebenfalls eine Rolle. Als Alternative dazu können Sie zerlassene, abgekühlte Butter oder Margarine nehmen. Die Verwendung von Öl ist aber auf jeden Fall einen Versuch wert! Wichtig dabei ist nur, daß Sie ein geschmacksneutrales Pflanzenöl, also ein Öl ohne starken Eigengeschmack, verwenden! Ob Sie kaltgepreßtes oder raffiniertes Speiseöl nehmen, bleibt dabei Ihnen überlassen.

Backen Sie einmal Muffins mit Öl und einmal mit zerlassener Butter, und entscheiden Sie dann, welche Variante Ihnen am besten schmeckt. Nehmen Sie statt Öl immer etwa die doppelte Menge Butter und statt Butter immer die Hälfte Öl.

Milch und Milchprodukte

Die Zugabe von Milch macht Rührteige saftiger. Statt Milch kann man Buttermilch oder Joghurt verwenden, was gegenüber der Trinkmilch verschiedene Vorteile hat. Die Milchsäurebakterien in diesen Milchprodukten unterstützen in Kombination mit Backpulver das Aufgehen des Teiges während des Backens. Dies führt dazu, daß Gebäck mit Buttermilch oder Joghurt besonders locker wird.

Ein weiterer Effekt dürfte all die interessieren, die mit überschüssigen Pfunden kämpfen und auf ihre tägliche Kalorienzufuhr achten müssen: Wenn Sie Joghurt oder Buttermilch zum Teig geben, benötigen Sie viel weniger Fett. Einige Rezepte kommen dann sogar ganz ohne Fett aus. Das Gebäck wird dennoch nicht trocken, sondern schmeckt wunderbar saftig.

Geschmacksgebende Zutaten

Vanillezucker: In den Rezepten wird Vanillezucker verwendet. Hierbei handelt es sich um Zucker, der mit gemahlener Vanille gemischt ist. Im Handel wird er als Bourbon-Vanillezucker angeboten. Statt Vanillezucker können Sie auch reine gemahlene Vanille aus dem Bioladen oder Reformhaus verwenden. Nehmen Sie dann statt 1 Päckchen Vanillezucker etwa ½ Teelöffel davon.

Vanillezucker können Sie übrigens auch leicht selber machen: Stecken Sie eine

10

aufgeschlitzte Vanilleschote in ein Schraub-glas mit Zucker und lassen Sie das Vanille-aroma durchziehen. Sie können die Scho-te samt Zucker aber auch im Mixer fein mahlen. Dabei allerdings immer in Inter-vallen mixen, damit der Zucker nicht ver-klumpt.

Übrigens: Vanillinzucker ist im Gegensatz zu Vanillezucker mit künstlichem Vanille-aroma versetzt. Er ist wesentlich preis-werter und kann statt Vanillezucker ver-wendet werden.

Nüsse und Samen: Welche Nüsse Sie tatsächlich für die Rezepte verwenden, bleibt Ihnen überlassen. Die von uns an-gegebenen Nüsse sind als Vorschlag zu verstehen. Auch hier kommt es auf Ihren eigenen Geschmack an. Haselnüsse sind am preiswertesten von allen und haben einen sehr milden Geschmack, weshalb sie mit vielen Zutaten harmonieren. Wal- und Pecannüsse schmecken dagegen sehr intensiv und werden normalerweise in kleineren Mengen verwendet. Sonnenblumen-, Sesam- und Kürbissamen verleihen süßem und pikantem Gebäck mehr Biß und eine nussige Note. Damit die Samen noch würziger schmecken, sollten Sie diese, bevor sie unter den Teig gemischt werden, anrösten. Dafür die Samen in eine trockene Pfanne geben und ohne Fett so lange rösten, bis ein angenehmer Duft aufsteigt.

Obst und Beeren: Muffins und anderes Kleingebäck schmecken besser und ha-ben gleichzeitig einen höheren Nährwert, wenn sie Obst oder Beeren enthalten. Wählen Sie der Jahreszeit entsprechend

Von oben nach unten:
Walnüsse, Haselnüsse,
Mandeln, Zimtstangen,
Vanillestangen,
Schokolade, Johannis-beeren, Himbeeren

aus. Dank Tiefkühlkost und Konserven können Sie Obst und Beeren für Ihr Gebäck aber auch außerhalb der Saison verwenden.

Legen Sie die frischen oder tiefgefrorenen Beeren auf den Teig in den Förmchen und mischen Sie diese nicht unter. Die Beeren sinken während des Backens in den Teig hinein.

Den abgetropften Saft von Obst aus dem Glas oder der Dose können Sie gut mitverwenden. Ersetzen Sie einen Teil der angegebenen Flüssigkeitsmenge entweder ganz oder teilweise dadurch. Wenn es sich um gesüßten Saft handelt, reduzieren Sie auf jeden Fall die Zuckermenge!

Gemüse: Statt Obst und Beeren hat Gemüse seinen festen Platz in oder auf pikantem Gebäck. Damit das Gemüse im Teig gleichmäßig gart, muß es möglichst fein zerkleinert sein. Denken Sie daran, daß zartes Gemüse (z.B. Brokkoli) schneller gart als festes (z.B. Möhren). Möhren und anderes Wurzelgemüse sollten Sie für Muffins deshalb fein raspeln und als Belag für pikante Törtchen oder Quiches am besten auf dem Gurkenhobel in sehr dünne Scheiben schneiden. Zartes Gemüse können Sie in etwas größere Stücke teilen.

Muffins zubereiten

Egal ob süße oder pikante Muffins, der Rührteig dafür wird immer nach demselben Schema zubereitet. Sie benötigen eine große Schüssel und in der Regel einen hohen Rührbecher. An zusätzlichen Geräten genügen ein Schneebesen und ein Holzrührlöffel.

Ein elektrisches Handrührgerät ist nicht unbedingt notwendig. Denn im Gegensatz zu unserem klassischen Rührteig soll der Muffinteig nur so lange gerührt werden, bis alle Zutaten gerade miteinander vermengt sind. So werden die Muffins schön locker und es bilden sich während des Backens keine Löcher im Teig. Wer ein Handrührgerät benutzen will, sollte lediglich auf der niedrigsten Stufe rühren. Grundsätzlich wird der Muffinteig so zubereitet: In der großen Schüssel werden die trockenen Zutaten miteinander vermischt und im Rührbecher die flüssigen. Dann wird die Flüssigkeit unter Rühren zu den trockenen Zutaten gegeben und alles so lange miteinander verrührt, bis ein zähflüssiger Teig entstanden ist. Der Teig darf keinesfalls schaumig geschlagen werden. Den Teig auch nicht stehen lassen, sondern sofort in die vorbereiteten Muffinbleche gleichmäßig verteilen.

Muffins: fix gebacken und prima zum Aufbewahren

Muffinbleche gibt es mit 6 und 12 Mulden im Haushaltswarengeschäft zu kaufen. Sie können zwischen beschichteten und unbeschichteten Modellen wählen. Wer erst einmal Muffins testen will, bevor er ein Blech erwirbt, kann in 12 ofenfeste Tassen jeweils 1 Papierförmchen stellen, den Teig hineinfüllen und wie im Rezept angegeben backen. Die Muffinmulden können Sie dünn fetten oder Papierförmchen hineinstellen. Wenn Sie sich für Papierförmchen entscheiden, sparen Sie sich das Reinigen des Bleches nach dem Backen. Allerdings bekommen die Muffins ohne Papierförmchen eine schönere Kruste.

Stellen Sie das mit Teig gefüllte Muffinblech immer in den vorgeheizten Ofen. So gehen die Muffins am besten auf. In der Regel ist eine Backtemperatur von 200 °C (Mitte; Gas 3–4; Umluft 180 °C) optimal. Stellen Sie den Ofen ein, bevor Sie mit der Teigzubereitung beginnen – die Vorheizzeit des Backofens entspricht nämlich in etwa der Zubereitungszeit für den Teig (ca. 15 Minuten)!

Die meisten Muffins werden 20–25 Minuten gebacken, sind also innerhalb von etwa 40 Minuten fix und fertig.

Die in den Rezepten angegebenen Backzeiten sind nur Circa-Angaben. Bedenken Sie, daß jeder Ofen eine andere Backleistung zeigt. Hersteller und Gerätealter sind ebenso maßgebend für die Backleistung wie der Zeitpunkt, zu dem Sie backen: Zur Adventszeit, wenn in allen Haushalten Plätzchen gebacken werden, sinkt die Backtemperatur und die Backzeiten verlängern sich!

Die Muffins sind fertig gebacken, wenn die Oberfläche aufgerissen und schön gebräunt ist. Wer auf Nummer sicher gehen möchte, kann noch die Stäbchenprobe machen. Nach dem Backen sollten Muffins, die ohne Papierförmchen gebacken wurden, etwa 5 Minuten im Blech ruhen, bevor sie aus den Mulden gelöst werden.

Muffins lassen sich hervorragend einfrieren. Für den Gebrauch tiefgefrorene Muffins in Alufolie etwa 15 Minuten bei 180 °C im Backofen aufbacken (Mitte; Gas 2–3; Umluft 160 °C).

Muffins verzieren

Nach Belieben können Sie die heißen Muffinköpfe in Puderzucker oder in geschmolzene Butter und dann in Hagel- oder Zimtzucker tauchen. Schokoladen- und bunte Zuckerstreusel, Zuckerguß und Kuvertüre machen sich ebenfalls gut und sind vor allem bei den Kids beliebt. Vor dem Backen können Sie den Teig mit Zimtzucker, gehackten Nüssen oder diversen Samen bestreuen.

Cookies zubereiten und backen

Ebenso wie Muffins sind Cookies eine schnelle Angelegenheit. Hierfür benötigen Sie nur Schüssel und Backblech.

Die Teige werden auf unterschiedliche Weise zubereitet: Entweder werden die Zutaten zu einem halbfesten Teig gerührt, der teelöffelweise auf ein vorbereitetes Backblech gesetzt wird. Oder die Zutaten werden, ähnlich wie beim Mürbeteig, rasch zu einem geschmeidigen Teig geknetet. Dieser wird zur Rolle geformt, einige Zeit kalt gestellt und dann in Scheiben geschnitten.

Geben Sie die Cookies auf ein gefettetes oder mit Backpapier ausgelegtes Backblech und schieben Sie es in den vorgeheizten Ofen. Die Backzeit beträgt, je nach Dicke, etwa 15 Minuten.

I Früh-stück und Brunch

An einem gemütlichen Sonntagmorgen im Kreis der Familie oder mit lieben Freunden ausgiebig frühstücken. Dazu ofenwarmes Gebäck und selbstgemachte Marmelade reichen: ein Fest für alle.

Cornflakes-Muffins

Für 12 Stück
1 Ei
250 g Buttermilch
60 ml Pflanzenöl
100 g Rosinen
1 EL ger. Orangenschale
80 g brauner Zucker
50 g Cornflakes
120 g Mehl
2 ½ TL Backpulver
½ TL Salz

1 Den Backofen auf 200 °C vorheizen. Ein Muffinblech fetten oder Papierförmchen hineinsetzen. Ei, Buttermilch und Öl in einer hohen Schüssel gründlich verrühren. Rosinen, Orangenschale und Zucker hineinrühren.

2 Cornflakes in einen Gefrierbeutel füllen und mit einem Nudelholz darüber rollen, um die Flakes grob zu zerkleinern. Die Brösel dann unter die Ei-Öl-Mischung mengen.

3 Mehl, Backpulver und Salz in einer Schüssel mischen und nach und nach mit einem Rührlöffel unter die Cornflakesbasis rühren.

4 Die Muffinmulden zu etwa ⅔ mit Teig füllen. Die Muffins im Backofen (Mitte; Gas 3–4; Umluft 180 °C) etwa 20 Minuten backen.

5 Die Muffins aus dem Backofen nehmen und etwa 5 Minuten in der Form ruhen lassen. Dann herauslösen und am besten lauwarm servieren.

Bananen-Nuß-Muffins

Für 12 Stück
120 g Mehl
2 TL Backpulver
½ TL Salz
120 g brauner Zucker
1 Pck. Vanillezucker
150 g Haferflocken
100 g geh. Walnüsse
1 Banane (etwa 100 g)
60 ml Pflanzenöl
1 Ei

1 Den Backofen auf 200 °C vorheizen. Ein Muffinblech fetten oder Papierförmchen hineinsetzen. Mehl, Backpulver, Salz, Zucker, Vanillezucker, Haferflocken und Walnüsse in einer Schüssel mischen.

2 Die Banane schälen und mit einer Gabel zerdrücken. In eine zweite große Schüssel geben und zusammen mit dem Öl und dem Ei aufschlagen. Das geht am besten mit einem Schneebesen.

3 Die Mehl-Haferflocken-Mischung zur Bananencreme geben und alles so lange miteinander verrühren, bis es vermengt ist.

4 Die Muffinmulden zu etwa ⅔ mit Teig füllen. Die Muffins im Backofen (Mitte, Gas 3–4; Umluft 180 °C) etwa 20 Minuten backen. Die Muffins aus dem Backofen nehmen und in der Form etwa 5 Minuten ruhen lassen. Dann aus der Form lösen und vollständig auskühlen lassen.

Variante

Statt Haferflocken können Sie auch 80 g Weizen- oder Haferkleie nehmen und die Walnüsse durch Haselnüsse oder Pecannüsse ersetzen.

Müsli-Muffins

1 Den Backofen auf 200 °C vorheizen. Ein Muffinblech fetten oder Papierförmchen hineinsetzen.

2 Mehl, Weizenvollkornmehl, Backpulver, Salz, Zucker und Zimt in einer großen Schüssel gut vermischen.

3 Müslimischung, Milch, Ei und Öl in einer mittelgroßen Schüssel gut verrühren und etwa 5 Minuten quellen lassen.

4 Die angerührte Müslimischung zur Mehlmischung geben und alles nur so lange verrühren, bis die beiden Komponenten gerade miteinander vermengt sind. Die Muffinmulden zu etwa ⅔ mit Teig füllen.

5 Die Muffins im Backofen (Mitte; Gas 3–4; Umluft 180 °C) in etwa 20 Minuten goldgelb backen. Die Muffins aus dem Backofen nehmen und etwa 5 Minuten abkühlen lassen. Dann herauslösen und vollständig abkühlen lassen.

Variante

Sie können aus diesem Teig auch ein Müslibrot backen. Füllen Sie den Teig dazu in eine Kastenform (28 cm Länge) und backen Sie das Brot bei 180 °C (Mitte; Gas 2–3; Umluft 160 °C) etwa 50 Minuten.

Für 12 Stück
100 g Mehl
100 g Weizenvollkornmehl
1 EL Backpulver
1 Msp. Salz
80 g brauner Zucker
½ TL gem. Zimt
150 g Müslimischung (ohne Zuckerzusatz)
300 ml Milch
1 Ei
3 EL Pflanzenöl

Brioche-Muffins

Für 12 Stück
400 g Mehl
20 g Hefe
⅛ l lauwarme Milch
1 EL Zucker
150 g zerlassene Butter
3 Eier
1 TL Salz

1 Das Mehl in eine Schüssel geben, in die Mitte eine Mulde drücken und die Hefe hineinbröckeln. Die Milch hineingießen und mit dem Zucker und etwas von dem Mehl zu einem Vorteig verrühren. Den Teig zugedeckt an einem warmen Ort etwa 15 Minuten gehen lassen.

2 Butter, Eier und Salz zum Vorteig geben. Alles mit dem übrigen Mehl zu einem elastischen Teig verkneten. Den Teig 1–2 Stunden zugedeckt bei Raumtemperatur gehen lassen.

3 Ein Muffinblech fetten. Den Teig zu einer Rolle formen und 12 walnußgroße Stücke davon abschneiden, diese in die Muffinmulden legen. Aus dem übrigen Teig 12 kleinere Kugeln formen und diese auf die größeren in den Mulden drücken. Den Teig nochmals 20 Minuten gehen lassen. Inzwischen den Backofen auf 200 °C vorheizen.

4 Die Muffins im Backofen (Mitte; Gas 3–4; Umluft 180 °C) 20–25 Minuten backen. Aus dem Ofen nehmen und einige Minuten in der Form ruhen lassen. Herauslösen und möglichst noch lauwarm mit Butter und Orangenmarmelade servieren.

Orangen-Ingwer-Marmelade

Für etwa 2 l Marmelade
1,3 kg unbehandelte Sevilla-Orangen
50 g frische Ingwerwurzel
100 g Zucker
1,3 kg Gelierzucker

1 Die Orangen waschen, abtrocknen und die Schale dünn abschneiden. 130 g davon in feine Streifen schneiden.

2 Die Schale mit Wasser bedeckt aufkochen lassen und in ein Haarsieb abschütten. Den Ingwer schälen und in dünne Scheibchen schneiden. Den Zucker mit 100 ml Wasser so lange kochen, bis er klar und sirupartig ist. Schalen und Ingwer hinzufügen und alles etwa 10 Minuten kochen lassen.

3 Die Orangen auspressen. 1 l Saft abmessen und mit dem Gelierzucker bei mittlerer Hitze unter Rühren aufkochen, dann 4 Minuten sprudelnd kochen lassen.

4 Orangenschalen und Ingwer mit dem Zuckersirup zur Marmelade geben, verrühren und einmal aufkochen lassen. Die Marmelade in saubere Gläser füllen und sofort verschließen.

Brioche-Muffins mit Orangen-Ingwer-Marmelade

Muffins mit Ahornsirup

Für 12 Stück
250 g Mehl
3 TL Backpulver
1 Msp. Salz
150 ml Ahornsirup
200 g Joghurt
2 EL zerlassene Butter
1 Ei

1 Den Backofen auf 200 °C vorheizen. Ein Muffinblech fetten oder Papierförmchen hineinsetzen.

2 In einer mittelgroßen Schüssel Mehl, Backpulver und Salz miteinander mischen. In einem hohen Rührbecher Ahornsirup, Joghurt, Butter und Ei gründlich miteinander verrühren.

3 Nach und nach die Joghurt-Ei-Mischung unter die Mehlmischung rühren. Die Muffinmulden zu etwa ⅔ mit dem Teig füllen.

4 Die Muffins im Backofen (Mitte; Gas 3–4; Umluft 180 °C) 15–20 Minuten backen, bis die Oberfläche goldbraun geworden ist. Die Muffins aus dem Backofen nehmen und etwa 5 Minuten in der Form ruhen lassen. Dann herauslösen und auf einem Kuchengitter vollständig auskühlen lassen.

Kleine Streuselecken

Für etwa 40 Stück
Für den Teig
50 g Speisestärke (z. B. Mondamin)
200 g Mehl
½ TL Backpulver
1 Eigelb
150 g Zucker
150 g weiche Butter
2 TL Kakaopulver
1 TL Milch
Für die Füllung
225 g Kirschkonfitüre
1 EL Kirschwasser oder Zitronensaft

1 Den Backofen auf 200–225 °C vorheizen. Speisestärke, Mehl und Backpulver in eine Schüssel geben. Eigelb, Zucker und Butter daraufgeben und alles mit dem Handrührgerät auf niedriger Stufe verkneten, bis sich Streusel bilden. ⅓ der Streuselmasse mit Kakao und Milch verkneten.

2 Ein Backblech bis zur Hälfte mit Backpapier auslegen. Die hellen Streusel darauf verteilen und etwas zusammendrücken. Kirschkonfitüre mit Kirschwasser oder Zitronensaft verrühren und auf den hellen Streuseln verstreichen. Die Kakaostreusel darüber bröseln. Den Streuselkuchen im Backofen (Mitte; Gas 4–5; Umluft 200 °C) 25–30 Minuten backen.

3 Aus dem Backofen nehmen, sofort in kleine Dreiecke schneiden und dann abkühlen lassen.

Kleine Streuselecken

Muffins mit Konfitüre

Für 12 Stück
150 g Mehl
100 g Weizen-vollkornmehl
2 ½ TL Backpulver
½ TL gem. Zimt
½ TL Salz
1 Msp. gem. Nelken
250 g Buttermilch
60 g brauner Zucker
3 EL Pflanzenöl
1 großes Ei
50 g Himbeerkonfitüre

1 Den Backofen auf 200 °C vor-heizen. Ein Muffinblech fetten oder Papierförmchen hinein-setzen.

2 In einer mittelgroßen Schüs-sel Mehl, Weizenvollkornmehl, Backpulver, Zimt, Salz und Nel-kenpulver mischen. In einer hohen Rührschüssel Butter-milch mit Zucker, Öl und Ei gut verrühren. Diese Mischung nach und nach unter die Mehl-mischung rühren, bis die Zuta-ten gerade eben miteinander vermengt sind.

3 Die Muffinmulden zu etwa ⅔ mit Teig füllen. Dann jeweils 1 TL Konfitüre auf die Oberflä-che geben.

4 Die Muffins im Backofen (Mitte; Gas 3–4; Umluft 180 °C) 20–25 Minuten backen, bis die Oberfläche fest und goldbraun geworden ist. Die Muffins aus dem Backofen nehmen und etwa 5 Minuten in der Form ruhen lassen. Dann aus der Form lösen und auf einem Kuchengitter vollständig aus-kühlen lassen.

Zitronen-Mohn-Muffins

Für 12 Stück
250 g Mehl
2 TL Backpulver
80 g Zucker
1 EL Mohnsamen
1 unbehandelte Zitrone
¼ l Milch
50 g Joghurt
1 großes Ei

1 Den Backofen auf 200 °C vor-heizen. Ein Muffinblech fetten oder Papierförmchen hinein-setzen.

2 In einer mittelgroßen Schüs-sel Mehl, Backpulver, Zucker und Mohn mischen. Die Zitrone heiß abwaschen, abtrocknen und die Schale abreiben. Den Saft auspressen.

3 In einer kleinen Schüssel Milch, Joghurt, Zitronensaft, -schale und Ei gut verrühren.

4 Die Milchmischung zur Mehlmischung gießen und alles gut verrühren. Die Muffinmul-den zu etwa ⅔ mit Teig füllen.

5 Die Muffins im Backofen (Mitte; Gas 3–4; Umluft 180 °C) etwa 20 Minuten backen, bis die Oberfläche fest und gold-braun geworden ist. Die Muffins aus dem Backofen nehmen und kurz in der Form ruhen lassen. Dann aus der Form lösen und auf einem Kuchengitter vollstän-dig auskühlen lassen.

Honig–Mais–Muffins

1 Maismehl mit 250 g Butter-milch in einer größeren Schüssel mit einem Schneebesen ver-rühren und etwa 15 Minuten quellen lassen.

2 Den Backofen auf 200 °C vor-heizen. Ein Muffinblech fetten oder Papierförmchen hineinset-zen. Mehl, Backpulver und Salz in einer Schüssel mischen.

3 In einem hohen Rührbecher das Ei, das Öl, den Honig und die restliche Buttermilch zu einer Creme schlagen.

4 Die Mehlmischung zum gequollenen Maismehl geben, die Buttermilch-Öl-Mischung dazugeben und alles gründlich miteinander verrühren.

5 Die Muffinmulden zu etwa ⅔ mit Teig füllen. Das geht am besten mit einer Schöpfkelle, denn der Teig ist relativ flüssig. Die Muffins im Backofen (Mitte; Gas 3–4; Umluft 180 °C) etwa 20 Minuten backen. Die Muf-fins aus dem Backofen nehmen und in der Form etwa 5 Mi-nuten auskühlen lassen. Dann herauslösen und noch lauwarm servieren.

Variante

Nach Belieben können Sie 100 g eingeweichte und abgetropfte Rosinen unter den Teig rühren.

Info

Feines Maismehl ist nicht das-selbe wie feiner Maisgrieß oder Polentagrieß, der im Super-markt häufig angeboten wird. Im Gegensatz zu Maismehl quillt Maisgrieß beim Backen bzw. Erhitzen auf. Dies verleiht den Muffins eine festere und auch etwas trockenere Konsi-stenz. Maismehl gibt es im Reformhaus.
Mahlen Sie Maiskörner nicht in der Getreidemühle, denn sie sind sehr fettreich und würden das Mahlwerk verkleben.

Für 12 Stück
150 g feines Maismehl (aus dem Reformhaus)
300 g Buttermilch
70 g Mehl
2 TL Backpulver
½ TL Salz
1 Ei
¼ l Pflanzenöl
125 g Honig

Orangen-Muffins

Für 12 Stück
250 g Mehl
50 g brauner Zucker
1 EL Backpulver
1 Msp. Salz
⅛ l Orangensaft
100 ml Milch
50 g Orangenmarmelade
1 Ei
1 TL ger. Orangenschale

1 Den Backofen auf 200 °C vorheizen. Ein Muffinblech fetten oder Papierförmchen hineinsetzen.

2 In einer großen Schüssel Mehl, Zucker, Backpulver und Salz gut verrühren. In einer kleinen Schüssel den Orangensaft, die Milch, die Hälfte der Orangenmarmelade, das Ei und die Orangenschale mischen.

3 Die Orangenmilch zur Mehlmischung geben und alles gut miteinander verrühren. Die Muffinmulden zu etwa ⅔ mit Teig füllen. Je 1 Klecks von der restlichen Orangenmarmelade auf die Oberfläche geben und etwas in den Teig einrühren.

4 Die Muffins im Backofen (Mitte; Gas 3–4; Umluft 180 °C) etwa 20 Minuten backen, bis die Oberfläche fest und goldbraun ist. Die Muffins aus dem Backofen nehmen und etwa 5 Minuten in der Form abkühlen lassen. Dann herauslösen und auf einem Kuchengitter vollständig auskühlen lassen.

Braune Kuchen

Für etwa 100 Stück
125 g Butter
125 g Zucker
125 g Rübensirup
½ TL Pottasche
50 g Speisestärke (z. B. Mondamin)
225 g Mehl, 1 Ei
½ Pck. Lebkuchengewürz
60 g geh. Orangeat
75 g abgezogene, gehackte Mandeln
etwa 50 g abgezogene, halbierte Mandeln

1 Butter, Zucker und Sirup erhitzen, bis sich der Zucker aufgelöst hat. In eine Schüssel geben und abkühlen lassen.

2 Die Pottasche in 1–2 EL Wasser auflösen. Speisestärke, Mehl, Ei, Lebkuchengewürz, Orangeat, Mandeln und angerührte Pottasche daraufgeben und alles mit dem Handrührgerät auf der niedrigen Schaltstufe verkneten. Aus dem Teig mehrere Rollen von etwa 4 cm Durchmesser formen, in Frischhaltefolie wickeln und über Nacht kalt stellen.

3 Am nächsten Tag den Backofen auf 200 °C vorheizen. Die Teigrollen in etwa ½ cm dicke Scheiben schneiden und auf mit Backpapier ausgelegte Backbleche legen. Je 1 halbierte Mandel in die Mitte der Teigscheiben drücken und die Braunen Kuchen im Backofen (Mitte; Gas 3–4; Umluft 180 °C) 10–15 Minuten backen.

Braune Kuchen

Apfel–Nuß–Muffins

1 Den Apfel schälen, vierteln, dabei das Kerngehäuse entfernen. Den Apfel auf der Rohkostreibe raspeln. Sofort mit dem Zitronensaft beträufeln, damit er sich nicht zu stark verfärbt.

2 Den Backofen auf 200 °C vorheizen. Ein Muffinblech fetten oder Papierförmchen hineinsetzen.

3 Mehl, Backpulver, Zucker, Vanillezucker, Salz, Nelkenpulver und Apfelraspel in einer Schüssel mischen. In einer anderen Schüssel Ei, Milch und die abgekühlte Butter verquirlen. Die Nüsse fein hacken.

4 Die Buttermischung nach und nach unter die Mehlmischung rühren. Zum Schluß die Nüsse daruntermengen. Die Muffinmulden zu etwa ⅔ mit Teig füllen. Die Muffins im Backofen (Mitte; Gas Stufe 3–4; Umluft 180 °C) 20–25 Minuten backen. Die Muffins aus dem Backofen nehmen und etwa 5 Minuten in der Form ruhen lassen. Dann herausnehmen und vollständig abkühlen lassen.

Kleine Früchtepizzen

1 Das Mehl in eine Schüssel geben, in die Mitte eine Vertiefung drücken und die Hefe hineinbröckeln. Mit der Hälfte der Milch, etwas Zucker und Mehl zu einem Vorteig verrühren. Zugedeckt bei Raumtemperatur etwa 15 Minuten gehen lassen.

2 Die Butter, die restliche Milch und Salz in die Schüssel zum Vorteig geben und alles zu einem glatten Teig verarbeiten. Den Teig so lange schlagen, bis er geschmeidig ist und nicht mehr klebt. Zugedeckt etwa 30 Minuten gehen lassen, bis sich das Teigvolumen etwa verdoppelt hat.

3 Inzwischen für den Belag die Früchte vorbereiten. Die Birnen schälen, vom Kerngehäuse befreien und in Spalten schneiden. Den Pfirsich mit kochendem Wasser überbrühen, kalt abschrecken, häuten und in Spalten schneiden, dabei den Stein entfernen. Die Zwetschgen waschen, halb aufschneiden, entsteinen und die Hälften so einschneiden, daß die Früchte flach auf den Teig gelegt werden können.

4 Den Backofen auf 200 °C vorheizen. 2 Backbleche fetten. Den Hefeteig auf einer bemehlten Fläche noch einmal gut durchkneten und in 10 Stücke teilen. Teigstücke zu runden Fladen von etwa 10 cm Durchmesser formen, dabei einen dickeren Rand formen. Immer 5 Fladen auf 1 Backblech legen. Nach Belieben mit den Früchten belegen und die Fladen nochmals etwa 15 Minuten gehen lassen.

5 Die Pizzen nacheinander im Backofen (Mitte; Gas 3–4; Umluft 180 °C) etwa 25 Minuten backen.

6 Die Mandelblättchen in einer trockenen Pfanne anrösten. Die Konfitüre erhitzen, die hellen Früchte und den Teigrand damit bestreichen. Die Zwetschgen mit Zimtzucker bestreuen und alle Pizzen mit Mandelblättchen bestreuen.

Für 10 Stück
Für den Teig
250 g Mehl
½ Würfel Hefe (21 g)
etwa ⅛ l lauwarme Milch
1 EL Zucker
50 g zerlassene Butter
1 Msp. Salz
Für den Belag
300 g Birnen
1 Pfirsich
300 g Zwetschgen
2 EL Mandelblättchen
2 EL Aprikosenkonfitüre
Zimtzucker

27

Einfache Scones

Für 6–8 Stück	
250 g Mehl	
1 EL Backpulver	
½ TL Salz	
60 g weiche Butter	
etwa 175 g Buttermilch	

1 Den Backofen auf 220 °C vorheizen. Mehl mit Backpulver und Salz mischen. Die Butter mit den Händen darunterkneten, bis eine krümelige Masse entsteht.

2 In die Mitte des Teiges eine Vertiefung drücken, die Buttermilch hineingießen und nun alles mit einem Holzlöffel zu einem weichen, klebrigen Teig verrühren. Falls nötig noch etwas Buttermilch zugeben.

3 Den Teig auf einer bemehlten Arbeitsfläche etwa 1 Minute leicht durchkneten, zu einer Rolle von etwa 5 cm Durchmesser formen und davon etwa 2,5 cm dicke Scheiben abschneiden. Auf ein gefettetes Backblech legen und die Scones im Backofen (Mitte; Gas 4–5; Umluft 200 °C) etwa 15 Minuten backen. Die Scones herausnehmen und möglichst noch warm servieren.

Scones mit Apfel-Quark-Füllung

Für 12 Stück	
Für den Teig	
400 g Mehl	
2 TL Backpulver	
30 g Butter, 30 g Zucker	
1 Ei, 150 ml Milch	
Für die Füllung	
150 g Quark	
50 g brauner Zucker	
100 g Apfelkompott	
½ TL gem. Zimt	
30 g Sultaninen	

1 Den Backofen auf 220 °C vorheizen. Ein Backblech fetten oder mit Backpapier auslegen. Mehl und Backpulver in einer großen Schüssel mischen. Die Butter in kleinen Flöckchen und den Zucker untermischen. Dann in die Mitte dieser Mischung eine Vertiefung drücken.

2 Das Ei mit der Milch verrühren, in die Vertiefung geben und alles zu einem weichen Teig verkneten.

3 Auf einer bemehlten Arbeitsfläche den Teig gut verkneten und zu einer Rolle von etwa 5 cm Durchmesser ausrollen. Von der Rolle 24 etwa gleich dicke Scheiben abschneiden. In der Mitte mit dem Daumen leicht eindrücken und 12 Scheiben auf das Backblech legen.

4 Quark und Zucker in einer Schüssel verrühren, dann auf die Teigscheiben auf dem Blech verteilen. Das Apfelkompott daraufgeben, Zimt und Sultaninen darüberstreuen.

5 Die belegten Teigscheiben mit den übrigen Teigscheiben abdecken, dabei die Ränder zusammendrücken. Die Scones im Backofen (Mitte; Gas 4–5; Umluft 200 °C) etwa 20 Minuten backen. Aus dem Backofen nehmen und etwa 5 Minuten ruhen lassen. Dann vom Blech nehmen. Warm oder kalt mit Sahne servieren.

Muffins mit Haferflocken-Streuseln

\ Den Backofen auf 200 °C vorheizen. Ein Muffinblech fetten oder Papierförmchen hineinsetzen.

♉ Für den Belag die Butter in einem kleinen Topf zerlassen. Haferflocken, Zucker, Mehl und gemahlenen Zimt hinzufügen und untermischen.

3 Den Apfel schälen, vom Kerngehäuse befreien und in kleine Stücke schneiden oder grob raspeln. In einer großen Schüssel Mehl, Zucker, Salz und Backpulver mischen. Apfelsaft, Öl und Ei hinzufügen und unterrühren. Apfel und Walnüsse dazugeben und etwa die Hälfte von der Belagmischung untermischen.

4 Die Muffinmulden zu etwa ⅔ mit Teig füllen. Die restliche Belagmischung gleichmäßig darüber streuen. Die Muffins im Backofen (Mitte; Gas 3–4; Umluft 180 °C) etwa 20 Minuten backen, bis die Oberfläche fest und goldbraun geworden ist. Die Muffins aus dem Backofen nehmen und etwa 5 Minuten in der Form abkühlen lassen. Dann auf einem Kuchengitter vollständig auskühlen lassen.

Für 12 Stück
Für den Belag
2 EL Butter
80 g Haferflocken
100 g brauner Zucker
30 g Mehl
½ TL gem. Zimt
Für den Teig
1 Apfel, 200 g Mehl
80 g Zucker, ½ TL Salz
1 EL Backpulver
200 ml Apfelsaft
4 EL Pflanzenöl
1 großes Ei
50 g geh. Walnüsse

Käse-Schinken-Muffins

\ Den Backofen auf 200 °C vorheizen. Ein Muffinblech fetten oder Papierförmchen hineinsetzen. Den Schinken in kleine Würfelchen schneiden. Die Butter zerlassen.

♉ Mehl und Backpulver in eine Schüssel sieben, dann Muskat, Käse und Schinken untermischen. In einer kleinen Schüssel Ei, Milch und die abgekühlte Butter gut verrühren. Diese Mischung unter die Mehlmischung geben. Nur so lange rühren, bis die Zutaten miteinander vermengt sind.

3 Einen guten Eßlöffel voll Teig in die Muffinmulden füllen. Die Muffins in 15–20 Minuten im Backofen (Mitte; Gas 3–4; Umluft 180 °C) goldbraun backen. Aus dem Backofen nehmen und etwa 5 Minuten in der Form ruhen lassen. Dann aus den Formen lösen und möglichst warm servieren.

Für 12 Stück
100 g gekochter Schinken
60 g Butter
200 g Mehl
2 TL Backpulver
1 Msp. ger. Muskatnuß
100 g ger. Emmentaler
1 Ei
200 ml Milch

Käse-Sesam-Scones

Für 12 Stück
Für den Teig
400 g Mehl
½ TL Salz
50 g Butter
200 ml Milch
Für den Belag
30 g Butter
100 g ger. Gouda
2 EL mittel-scharfer Senf
3–4 TL Sesamsamen

1 Den Backofen auf 220 °C vorheizen. Ein Backblech fetten. Das Mehl in eine Schüssel sieben, das Salz und die Butter in kleinen Flöckchen dazugeben.

2 In die Mitte des Mehls eine Vertiefung drücken, die Milch hineingeben und alles zu einem weichen Teig verkneten.

3 Den Teig auf einer bemehlten Arbeitsfläche gut durchkneten und zu einer Rolle von etwa 5 cm Durchmesser formen. Von der Rolle etwa 12 gleich dicke Scheiben abschneiden und auf das Backblech legen.

4 Für den Belag die Butter bei schwacher Hitze zerlassen, Käse, Senf und Sesamsamen dazugeben und so lange rühren, bis der Käse geschmolzen ist.

5 Den Belag gleichmäßig auf den Teigscheiben verteilen, dabei die gesamte Mischung verbrauchen. Das Blech in den Backofen (Mitte; Gas 4–5; Umluft 200 °C) schieben und die Scones etwa 10–12 Minuten goldgelb backen. Vom Blech lösen und warm mit Butter und einem bunten gemischten Salat servieren.

Tip

Das paßt dazu: Butter und Konfitüre, oder auch aufgeschlagene Crème double mit Konfitüre. Wer pikante Brotaufstriche bevorzugt, kann den folgenden probieren.

Frischkäseaufstrich mit Kräutern

Für 4 Portionen
200 g Doppelrahm-Frischkäse
3 EL Mineralwasser
1 Knoblauchzehe
1 TL Zitronensaft
1 Msp. edelsüßes Paprikapulver
Salz, Pfeffer
je 1 Bund Petersilie und Schnittlauch

1 Den Frischkäse mit dem Mineralwasser cremig rühren. Knoblauch schälen und durch die Presse zur Käsecreme drücken. Zitronensaft, Paprikapulver, Salz und Pfeffer hinzufügen und alles gründlich verrühren.

2 Kräuter waschen, trockenschwenken und fein zerkleinern. Unter die Käsecreme mischen. Abschmecken und nach Belieben mit Pfeffer, Salz und Paprika nachwürzen.

Käse-Sesam-Scones

Kleine Zucchini—Quiches

1 Den Blätterteig auftauen lassen. Den Backofen auf 200 °C vorheizen.

2 Inzwischen die Zucchini waschen, putzen und in kleine Würfel schneiden. Das Olivenöl in einer Pfanne erhitzen. Die Zucchini darin unter Rühren rundherum braun anbraten, dann beiseite stellen.

3 Den Schafkäse in sehr kleine Würfel schneiden. Die Petersilie waschen, trockenschwenken und fein hacken. Mit dem Schafkäse unter die Zucchini mischen. Den Knoblauch schälen und durch die Presse dazudrücken. Mit Pfeffer und Cayennepfeffer würzen.

4 8 Tortelettförmchen von 10 cm Durchmesser mit kaltem Wasser ausspülen. Den Teig in 8 Stücke teilen, ausrollen und in die Förmchen füllen. Dabei einen Rand formen. Zucchini-Käse-Masse darauf verteilen.

5 Sahne und Eier verquirlen. Mit Salz und Pfeffer würzen. Die Quiches damit begießen und im Backofen (Mitte; Gas 3–4; Umluft 180 °C) in 15–20 Minuten goldbraun backen.

Lachstörtchen

1 Den Blätterteig auftauen lassen. Den Backofen auf 200 °C vorheizen.

2 Inzwischen den Lachs in Streifen schneiden. Den Lauch putzen, gründlich waschen und in feine Streifen schneiden.

3 Die Butter erhitzen und den Lauch darin etwa 5 Minuten dünsten. Beiseite stellen und abkühlen lassen. Eier und saure Sahne verrrühren, Lauch und Lachs daruntermischen. Die Masse mit Salz, Pfeffer, Muskat und Zitronensaft abschmecken.

4 8 Tortelettförmchen von 10 cm Durchmesser mit kaltem Wasser ausspülen. Den Teig in 8 Stücke teilen, ausrollen und die Förmchen damit auslegen, dabei jeweils einen Rand formen. Die Lachs-Sahne-Mischung auf die Böden verteilen und die Törtchen im Backofen (Mitte; Gas 3–4; Umluft 180 °C) etwa 20 Minuten backen.

Kleine Zucchini-Quiches

Mini-Pizzen mit Pilzen und Tomaten

Für 12 Stück
Für den Teig
250 g Magerquark
je 1 Msp. Salz und Pfeffer
2 Eier
5 EL Olivenöl
500 g Mehl
Für den Belag
400 g Tomaten
1 Zwiebel
2 Knoblauchzehen
2 EL Olivenöl
Salz, Pfeffer
1 Bund Basilikum
einige Zweige Oregano
200 g Egerlinge
150 g ger. Käse (z. B Mozzarella, Emmentaler, Greyerzer, Gouda)

1 Den Quark auf einem Sieb abtropfen lassen. Mit Salz, Pfeffer, den Eiern und dem Olivenöl mischen, dann das Mehl mit den Knethaken des Handrührgeräts untermengen. Den Teig zur Kugel formen, in Frischhaltefolie wickeln und in den Kühlschrank legen, bis der Belag zubereitet ist.

2 Für den Belag die Tomaten mit kochendem Wasser überbrühen, kurz darin ziehen lassen, häuten und in Stücke schneiden, dabei die grünen Stielansätze entfernen. Zwiebel und Knoblauch schälen und fein hacken. Das Öl in einer Pfanne erhitzen, Zwiebel und Knoblauch darin glasig dünsten. Tomaten, 1 Msp. Salz und 1 Msp. Pfeffer hinzufügen und das Sugo offen etwa 30 Minuten köcheln lassen.

3 Den Backofen auf 200 °C vorheizen. 2 Backbleche mit Olivenöl bestreichen. Inzwischen die Kräuter waschen und trockenschwenken. Die Blättchen abzupfen und in Streifen schneiden. Die Egerlinge gründlich putzen und in dünne Scheiben schneiden.

4 Den Teig in 12 Stücke teilen. Die Teigstücke zu runden Fladen formen, dabei einen etwas dickeren Rand bilden. Die Fladen auf die Backbleche legen. Die Pizzen mit dem Tomatensugo bestreichen, mit den Kräutern bestreuen, die Pilze darüber verteilen. Dann den Käse darüber streuen. Die Pizzen im Backofen (Mitte; Gas 3–4; Umluft 180 °C) etwa 25 Minuten backen.

Tip

Geben Sie nach Belieben weitere Zutaten auf die Pizzen. Gut passen beispielsweise Oliven und Peperoni sowie Artischokken und Paprikaschoten.

Kleine Speckkuchen

Für 8 Stück
Für den Teig
200 g Mehl
100 g kalte Butter
1 Msp. Salz
Für den Belag
1 Zwiebel
200 g durchwachsener Räucherspeck in dünnen Scheiben
1 Bund Schnittlauch
150 g ger. Emmentaler
200 g Sahne
4 Eier
Pfeffer, Salz

1 Für den Teig das Mehl mit der Butter, etwa 2 EL kaltem Wasser und Salz zu einem glatten Teig verkneten.

2 Den Teig in 8 Stücke teilen und in 8 Tortelettförmchen von 10 cm Durchmesser verteilen, dabei einen Rand formen. Dann die Förmchen mit dem Teig kalt stellen.

3 Inzwischen für den Belag die Zwiebel schälen und fein hakken. Den Speck klein würfeln und braten, bis er glasig und leicht gebräunt ist, herausnehmen. Die Zwiebel im Speckfett glasig dünsten.

4 Den Backofen auf 200 °C vorheizen. Den Schnittlauch waschen, trockenschwenken und in Röllchen schneiden. Speck und Zwiebel auf dem Teig verteilen. Käse, Sahne, Eier und Schnittlauchröllchen verrühren, mit reichlich Pfeffer und evtl. etwas Salz würzen und über die Zwiebel-Speck-Mischung gießen.

5 Die kleinen Kuchen im Backofen (Mitte; Gas 3–4; Umluft 180 °C) 25–30 Minuten backen, bis die Oberflächen schön gebräunt sind. Die kleinen Speckkuchen schmecken ofenwarm am besten.

Hackfleisch-Muffins

Für 12 Stück
1 Zwiebel
1 Knoblauchzehe
1 grüne Paprikaschote
2 Tomaten
1 Bund Petersilie
500 g Rinderhack
50 g Semmelbrösel
Salz, Pfeffer
gem. Kreuzkümmel
1 Ei, 125 g Mozzarella

1 Den Backofen auf 180 °C vorheizen. Ein Muffinblech fetten. Zwiebel und Knoblauch schälen und fein hacken. Die Paprikaschote halbieren, putzen und in kleine Würfelchen schneiden. Die Tomaten mit kochendem Wasser überbrühen, häuten und ohne Stielansätze in feine Würfel schneiden. Die Petersilie waschen und trockenschwenken, die Blättchen von den Stengeln zupfen und fein hacken.

2 Rinderhack, Semmelbrösel, Salz, Pfeffer, Kreuzkümmel, Ei und Petersilie gründlich vermischen. Die übrigen vorbereiteten Zutaten ebenfalls untermischen. Den Mozzarella in 12 Würfel schneiden.

3 Die Hackmasse in die Muffinmulden verteilen, in jeden Muffin 1 Stück Mozzarella drücken. Die Muffins im Backofen (Mitte; Gas Stufe 2–3; Umluft 160 °C) 25–30 Minuten backen.

Gemüse-Muffins

1 Den Backofen auf 200 °C vorheizen. Ein Muffinblech fetten oder Papierförmchen hineinsetzen.

2 Die Zucchini und die Möhren waschen und putzen. Zucchini grob und Möhren fein raspeln. Die Petersilie waschen und trockenschwenken. Die Blättchen abzupfen und fein hacken.

3 In einer Schüssel die beiden Mehlsorten und das Backpulver mischen. Geraspeltes Gemüse, Kürbis- oder Sonnenblumenkerne sowie Petersilie untermischen.

4 In einem hohen Rührbecher Buttermilch, Öl und Ei gut miteinander verrühren. Mit Salz würzen. Die flüssige Mischung nach und nach unter die Mehlmischung rühren. Dabei nur so lange rühren, bis alles gut miteinander vermengt ist.

5 Die Muffinmulden zu etwa ⅔ mit dem Teig füllen und den geriebenen Käse darüber streuen. Die Muffins im Backofen (Mitte; Gas 3–4; Umluft 180 °C) 15–20 Minuten backen. Die Muffins aus dem Backofen nehmen und etwa 5 Minuten in der Form ruhen lassen. Dann aus den Mulden lösen und vollständig abkühlen lassen oder noch lauwarm servieren.

Tip

Für dieses Rezept können Sie auch Olivenöl verwenden, es gibt dem Teig einen besonders guten Geschmack.

Für 12 Stück
100 g Zucchini
150 g Möhren
½ Bund Petersilie
100 g Dinkelmehl (aus dem Reformhaus)
100 g Mehl
2 ½ TL Backpulver
50 g geröstete, geh. Kürbis- oder Sonnenblumenkerne
150 g Buttermilch
100 ml Pflanzenöl
1 Ei
1 Msp. Salz
100 g ger. Emmentaler

II Für den kleinen Hunger

Muffins, Cookies & Co. sind ein willkommener Pausensnack! Nicht nur, weil sie so gut schmecken, sondern vor allem, weil sie viel Abwechslung bieten...

Ananas-Vollkorn-Muffins

1 Den Backofen auf 200 °C vorheizen. Ein Muffinblech fetten oder Papierförmchen hineinsetzen. Die Butter zerlassen und abkühlen lassen. Das Ananasfleisch in sehr kleine Stückchen schneiden. Beide Mehlsorten, Backpulver, Salz, Zucker und Vanillezucker in einer Schüssel mischen.

2 In einer zweiten Schüssel das Ei, den Ananassaft und die abgekühlte zerlassene Butter mit dem Schneebesen verquirlen. Diese Mischung nach und nach am besten mit einem Holzlöffel unter die trockenen Zutaten rühren. Nun die Ananasstückchen darunterziehen.

3 Die Muffinmulden zu etwa ⅔ mit Teig füllen. Die Muffins im Backofen (Mitte; Gas 3–4; Umluft 180 °C) etwa 20 Minuten backen. Aus dem Backofen nehmen und etwa 5 Minuten in der Form abkühlen lassen. Dann herauslösen und auf einem Kuchengitter vollständig abkühlen lassen.

Zitrusfrucht-Muffins

1 Den Backofen auf 180 °C vorheizen. Ein Muffinblech fetten oder Papierförmchen hineinsetzen.

2 Mehl, Weizenvollkornmehl, Zucker, Backpulver und Salz in einer großen Schüssel gründlich miteinander mischen.

3 In einer zweiten Schüssel Milch, Öl, Orangenschale und Ei gut miteinander verquirlen, dann zu der Mehlmischung geben und alles verrühren. Die Sultaninen dazugeben und untermengen. Die Muffinmulden zu etwa ⅔ mit Teig füllen.

4 Die Muffins im Backofen (Mitte; Gas 2–3; Umluft 160 °C) in etwa 25 Minuten goldbraun backen. Die Muffins aus dem Backofen nehmen und etwa 5 Minuten in der Form ruhen lassen. Dann herauslösen, vollständig abkühlen lassen und mit Puderzucker bestäuben.

Apfel-Muffins mit Pecannuß-Streuseln

1 Den Backofen auf 200 °C vorheizen. Ein Muffinblech fetten oder Papierförmchen hineinsetzen.

2 Für die Streusel den Zucker, die Nüsse, das Mehl und die Butter in Flöckchen in einer kleinen Schüssel mit den Händen zerkrümeln.

3 In einer zweiten Schüssel Mehl, Zucker, Vanillezucker, Backpulver und Salz mischen. Den Apfel schälen, vom Kerngehäuse befreien und raspeln, dann unter die Mehlmischung rühren.

4 In einem hohen Rührbecher den Apfelsaft mit dem Öl und dem Ei verquirlen und nach und nach unter die Apfel-Mehl-Mischung rühren. Die Muffinmulden zu etwa ⅔ mit Teig füllen. Die Streusel darauf verteilen und etwas andrücken.

5 Die Muffins im Backofen (Mitte; Gas 3–4; Umluft 180 °C) in etwa 20 Minuten goldbraun backen. Aus dem Backofen nehmen und etwa 5 Minuten in der Form ruhen lassen. Dann herauslösen, auf einem Kuchengitter weiter abkühlen lassen und noch warm servieren.

Tip

Nicht mehr ganz frische Muffins können Sie in Scheiben schneiden und goldgelb toasten.

Für 12 Stück
Für die Streusel
3 EL brauner Zucker
3 EL geh. Pecannüsse
2 EL Mehl
1 EL Butter
Für den Teig
250 g Mehl
50 g brauner Zucker
1 Pck. Vanillezucker
1 EL Backpulver
1 Msp. Salz
1 Apfel (z. B. Boskop)
200 ml Apfelsaft
3 EL Pflanzenöl
1 großes Ei

Marzipan—Amerikaner

1 Den Backofen auf 200 °C vorheizen. Ein Backblech fetten oder mit Backpapier auslegen. Die Butter in eine Schüssel geben. Die Marzipan-Rohmasse in kleine Stücke schneiden. Mit Zucker, Vanillezucker, Eiern, Speisestärke, Mehl, Backpulver, Zitronenschale und Milch zur Butter geben. Alles mit dem Handrührgerät auf höchster Schaltstufe etwa 2 Minuten gut verrühren.

2 Von dem Teig mit 2 Eßlöffeln Häufchen auf das Backblech setzen und die Amerikaner im Backofen (Mitte; Gas 3–4; Umluft 180 °C) etwa 15 Minuten backen.

3 Für den Marzipanguß die Milch und die Marzipan-Rohmasse erwärmen und den Puderzucker darunterrühren.

4 Die Amerikaner aus dem Backofen nehmen, auf ein Kuchengitter legen und die Unterseite mit dem warmen Marzipanguß bestreichen. Je eine Hälfte der Unterseite mit Schokostreuseln bestreuen.

Möhren-Orangen-Muffins

Für 12 Stück
200 g Mehl
50 g brauner Zucker
2 TL ger. Orangenschale
1 TL Backpulver
1 TL Natron
1 TL gem. Zimt
1 Msp. ger. Muskatnuß
1 Msp. Salz
200 ml Orangensaft
2 EL Pflanzenöl
1 Pck. Vanillezucker, 1 Ei
100 g ger. Möhre

1 Den Backofen auf 180 °C vorheizen. Ein Muffinblech fetten oder Papierförmchen hineinsetzen.

2 Das Mehl mit Zucker, Orangenschale, Backpulver, Natron, Zimt, Muskat und Salz gut vermischen.

3 In einer kleinen Schüssel den Orangensaft mit dem Öl, dem Vanillezucker und dem Ei verquirlen und unter die Mehlmischung rühren. Dann die Möhre untermischen.

4 Die Muffinmulden zu ⅔ mit Teig füllen. Die Muffins im Backofen (Mitte; Gas 2–3; Umluft 160 °C) etwa 20 Minuten backen, bis sie fest und goldgelb geworden sind. Aus dem Backofen nehmen, kurz ruhen lassen, dann aus der Form lösen und auf einem Kuchengitter vollständig auskühlen lassen.

Variante

Statt Möhrenraspel eine geraspelte, ungeschälte Zucchini unter den Teig mischen.

Erntedank-Muffins

Für 12 Stück
250 g Mehl
100 g brauner Zucker
2 ½ TL Backpulver
2 TL gem. Zimt
1 Msp. gem. Ingwer
1 Msp. ger. Muskatnuß
1 Msp. Salz
1 Banane, 1 Apfel
125 g Buttermilch
3 EL Pflanzenöl, 1 Ei
60 g Sultaninen

1 Den Backofen auf 180 °C vorheizen. Ein Muffinblech fetten oder Papierförmchen hineinsetzen.

2 Mehl, Zucker, Backpulver, Zimt, Ingwer, Muskat und Salz gut vermischen.

3 Die Banane schälen und mit einer Gabel zerdrücken. Den Apfel schälen, vom Kerngehäuse befreien und grob raspeln. Buttermilch, Öl, Bananenmus und Ei verquirlen. Unter die Mehlmischung rühren, den geriebenen Apfel und die Sultaninen unterrühren.

4 Die Muffinmulden zu ⅔ mit Teig füllen. Das Muffinblech in den Backofen (Mitte; Gas 2–3; Umluft 160 °C) schieben und die Muffins etwa 20 Minuten backen, bis sie fest und goldgelb geworden sind. Aus dem Backofen nehmen, die Muffins etwa 5 Minuten ruhen lassen, dann herauslösen und auf einem Kuchengitter vollständig auskühlen lassen.

Birnen–Zimt–Scones

1 Den Backofen auf 220 °C vorheizen. Ein Backblech fetten oder mit Backpapier auslegen. In einer großen Schüssel Mehl, Zucker, Vanillezucker, Backpulver und Zimt mischen. Die Butter mit 2 Messern unter die Mehlmischung schneiden, bis sich grobe Streusel bilden.

2 Die Birne schälen, vom Kerngehäuse befreien und grob raspeln. In einer kleinen Schüssel den Frischkäse, den Joghurt und das Ei gründlich verrühren. Die Mischung zum Mehl geben und alles gut verkneten. Dann die Birnenraspel und nach Belieben die Sultaninen untermischen.

3 Auf einer bemehlten Fläche den Teig etwa 1,5 cm dick ausrollen. Mit einem Glas oder einem Ausstecher von 4–5 cm Durchmesser etwa 12 Scones ausstechen. Die Scones im Abstand von je etwa 4 cm auf das Backblech legen.

4 Die Scones im Backofen (Mitte; Gas 4–5; Umluft 200 °C) in etwa 15 Minuten goldbraun backen. Dann aus dem Backofen nehmen und auf einem Kuchengitter etwas abkühlen lassen und noch warm servieren.

Für etwa 12 Stück
250 g Mehl
2 EL Zucker
1 Pck. Vanillezucker
2 ½ TL Backpulver
1 TL gem. Zimt
100 g kalte Butter
50 g feste Birne
150 g Doppelrahm-Frischkäse
100 g Joghurt, 1 Ei
50 g Sultaninen (nach Belieben)

Kartoffel–Tomaten–Cookies

1 Kartoffeln etwa 30 Minuten garen, abgießen, pellen, heiß durch die Kartoffelpresse drücken und abkühlen lassen.

2 Die Tomaten mit kochendem Wasser überbrühen, häuten, entkernen und sehr klein würfeln. Das Basilikum abbrausen, die Blättchen abzupfen und in feine Streifen schneiden. Den Knoblauch schälen. Den Backofen auf 220 °C vorheizen.

3 Die Kartoffeln mit Salz, Pfeffer und Muskat würzen. Den Knoblauch dazupressen. Ei, Mehl, Backpulver, Käse sowie Basilikum hinzufügen und alles vermischen. Die Tomatenwürfel unterheben.

4 2 Backbleche mit Backpapier auslegen. Mit einem Eßlöffel Plätzchen auf die Bleche setzen. Im Backofen (Mitte; Gas 4–5; Umluft 200 °C) etwa 30 Minuten backen.

Für etwa 40 Stück
1 kg mehligkochende Kartoffeln
200 g Flaschentomaten
1 Bund Basilikum
2 Knoblauchzehen
1 TL Salz, Pfeffer
ger. Muskatnuß
1 Ei, 100 g Mehl
1 TL Backpulver
50 g ger. Parmesan

Überraschungsbrötchen

250 g Weizen-
vollkornmehl

250 g Mehl

1 Pck. Trockenhefe

1 TL Salz

250 g Buttermilch

3 EL Olivenöl

100 g TK-Spinat

150 g Schafkäse

Pfeffer

gem. Kreuzkümmel

2 Flaschentomaten

2 Knoblauchzehen

1 Bund Basilikum

125 g Mozzarella

1 Beide Mehle, Hefe und Salz mischen. Buttermilch und Öl leicht erwärmen, dann mit den Knethaken des Handrührgeräts unterrühren, bis der Teig Blasen bildet. Den Teig zugedeckt bei Raumtemperatur etwa 50 Minuten gehen lassen.

2 Inzwischen den Spinat nach Packungsanleitung auftauen, gut ausdrücken und grob hacken. Den Schafkäse fein zerbröckeln und mit dem Spinat kurz pürieren. Mit Pfeffer und Kreuzkümmel abschmecken.

3 Die Tomaten mit kochendem Wasser überbrühen, kurz darin ziehen lassen, häuten und in Würfel schneiden. Den Knoblauch schälen und das Basilikum waschen, beides fein hacken. Den Mozzarella würfeln. Alles mischen, salzen und pfeffern. 2 Backbleche fetten oder mit Backpapier auslegen. Den Backofen auf 200 °C vorheizen.

4 Den Teig auf einer bemehlten Arbeitsfläche kräftig durchkneten und in 16 Portionen teilen. Jede Portion zu einer Kugel rollen. 8 Kugeln mit der Spinatmischung, die restlichen 8 Kugeln mit der Tomatenmischung füllen und zu Brötchen formen. Die Brötchen auf die Bleche legen und weitere 15 Minuten gehen lassen.

5 Die Brötchen nacheinander im Backofen (Mitte; Gas 3–4; Umluft 180 °C) etwa 30 Minuten backen.

Tip

Kreuzkümmel oder Cumin ist ein typisches Gewürz der türkischen, arabischen und asiatischen Küche. Es ist zwar botanisch mit unserem Kümmel verwandt, schmeckt jedoch sehr viel aparter. Sie erhalten Kreuzkümmel im Asienladen und in gut sortierten Supermärkten.

Mexikanische Mais-Muffins

Für 12 Stück
100 g Mehl
175 g Maismehl (aus dem Reformhaus)
2 TL Backpulver
½ TL Salz
50 g Butter
1 Ei
250 g Buttermilch
½ Bund Petersilie
1 rote Paprikaschote
100 g TK-Maiskörner

1 Den Backofen auf 200 °C vorheizen. Ein Muffinblech fetten oder Papierförmchen hineinsetzen. In einer großen Schüssel beide Mehlsorten, Backpulver und Salz gut vermischen.

2 Die Butter und das Ei in einer Schüssel cremig rühren, dann die Buttermilch zugeben. Petersilie waschen und ohne grobe Stengel fein hacken. Paprika putzen, waschen und klein würfeln. Mais, Petersilie und Paprika unter die Butter-milchmischung rühren. Dann diese nach und nach zur Mehl-mischung geben und zu einem Teig verrühren.

3 Die Muffinmulden zu jeweils ⅔ mit Teig füllen. Im Backofen etwa 15–20 Minuten backen (Mitte; Gas 3–4; Umluft 180 °C), bis die Muffins leicht gebräunt sind. Das Muffinblech aus dem Backofen nehmen, die Muffins darin etwas abkühlen lassen, dann aus den Förmchen nehmen und vollständig auskühlen lassen.

Würzige Käse-Muffins

Für 12 Stück
150 g Butter
200 g fester Schnittkäse (Emmentaler, Gouda)
einige Zweige Majoran
1 Ei
200 g Buttermilch
200 g Mehl
1 Pck. Backpulver
ger. Muskatnuß
1 TL gem. Kreuzkümmel

1 Den Backofen auf 200 °C vorheizen. Ein Muffinblech fetten oder Papierförmchen hineinsetzen. Die Butter in einem Töpfchen zerlassen. Inzwischen den Käse reiben. Den Majoran waschen und trockenschwenken, die Blättchen fein hacken.

2 Die abgekühlte, aber noch flüssige Butter mit dem Ei und der Buttermilch in einer Schüssel verquirlen. Den Käse nach und nach darunterrühren.

3 Mehl und Backpulver mit den Gewürzen in einer zweiten Schüssel mischen. Die Butter-Ei-Mischung langsam unterrühren.

4 Die Muffinmulden zu etwa ⅔ mit Teig füllen. Die Muffins im Backofen (Mitte; Gas 3–4; Umluft 180 °C) 20–25 Minuten backen. Die Muffins aus dem Backofen nehmen und etwa 5 Minuten in der Form ruhen lassen, dann herauslösen.

Mexikanische Mais-Muffins

III Zum Nachmittagskaffee

Duftend frisches Gebäck aus
dem Backofen, dazu eine Tasse
Kaffee oder aromatischen Tee –
ein Luxus, den Sie sich täglich
leisten können, denn feine Muffins
und knusprige Cookies sind fix
gerührt und schnell gebacken.

Cappuccino-Muffins

1 Den Backofen auf 200 °C vorheizen. Ein Muffinblech fetten oder Papierförmchen hineinsetzen.

2 Für die Streusel in einer kleinen Schüssel Haferflocken, Zucker und Mandeln mischen. Die Butter in Flöckchen dazugeben und alles so lange verrühren, bis sich grobe Krümel bilden.

3 In einer zweiten Schüssel für den Teig Mehl, Haselnüsse, Vanillezucker, Zucker, Backpulver, Cappuccinopulver und Salz gründlich mischen.

4 Ei, Milch und Öl verquirlen und unter die Mehlmischung rühren. Die Muffinmulden zu etwa ⅔ mit Teig füllen und die Haferflockenstreusel darauf verteilen.

5 Die Muffins im Backofen (Mitte; Gas 3−4; Umluft 180 °C) etwa 25 Minuten backen, bis ihre Oberfläche fest und goldbraun geworden ist.

6 Die Muffins aus dem Backofen nehmen, in der Form kurz abkühlen lassen, dann vorsichtig herauslösen. Zucker und Zimt mischen, die Muffins damit bestreuen.

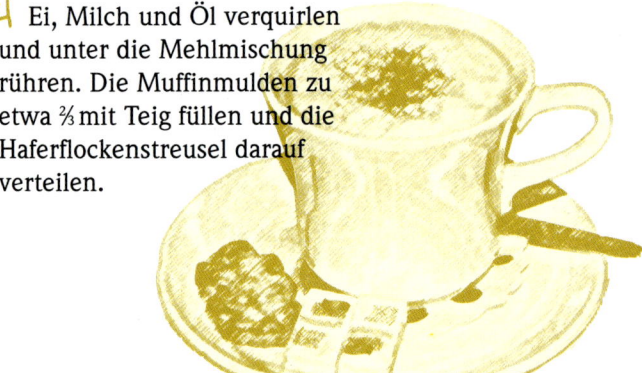

Heidelbeer-Dinkel-Muffins

1 Mehl, Dinkelvollkornmehl, Haferflocken, Backpulver und Natron in einer Schüssel gründlich mischen.

2 Die Heidelbeeren waschen, verlesen und abtropfen lassen. Die Eier verquirlen. Dann nacheinander Zucker, Butter, saure Sahne und Milch unterrühren. Alles gründlich vermengen und unter die Mehlmischung rühren. Den Teig nicht zu lange rühren, damit die Muffins schön locker werden, dann 15 Minuten ruhen lassen.

3 Den Backofen auf 200 °C vorheizen. Ein Muffinblech fetten oder Papierförmchen hineinsetzen.

4 Die Muffinmulden zu etwa ⅔ mit Teig füllen. Die Beeren darauf verteilen. Die Muffins im Backofen (Mitte; Gas 3–4; Umluft 180 °C) in etwa 30 Minuten goldgelb backen.

5 Die Muffins aus dem Backofen nehmen und in der Form etwa 5 Minuten ruhen lassen. Dann herauslösen und am besten noch lauwarm servieren.

Tips

Außerhalb der Saison können Sie getrost auf tiefgefrorene Beeren zurückgreifen; diese gefroren auf dem Teig verteilen. Hübsch sieht es aus, wenn Sie die Muffins vor dem Servieren mit einem Hauch Puderzucker bestäuben. Auch eine Mischung aus Zimt und Puderzucker ist sehr fein.

Varianten

Statt Heidelbeeren schmecken auch entsteinte Sauerkirschen, Himbeeren, Brombeeren oder Johannisbeeren.

Für 12 Stück
100 g Mehl mit Weizenkeimen
100 g Dinkelvollkornmehl (aus dem Reformhaus)
2 EL feine Haferflocken
2 TL Backpulver
½ TL Natron
200 g frische Heidelbeeren
2 Eier
120 g brauner Zucker
100 g zerlassene Butter
200 g saure Sahne
50 ml Milch

Sauerkirsch-Muffins

Für 12 Stück

250 g Mehl mit
Weizenkeimen

120 g brauner Zucker

2 TL Backpulver

1 Msp. Salz

250 g Sauerkirschen
aus dem Glas

150 ml Milch

50 g Vanille-Joghurt

50 ml Pflanzenöl

2 Eier

Mark von
1 Vanilleschote

1 Den Backofen auf 200 °C vorheizen. Ein Muffinblech fetten oder Papierförmchen hineinsetzen.

2 In einer Schüssel Mehl, Zucker, Backpulver und Salz mischen. Die Sauerkirschen abtropfen lassen.

3 In einer zweiten Schüssel Milch, Joghurt, Öl, Eier und Vanillemark gut verrühren. Die Mischung zum Mehl geben und alles gut miteinander vermengen.

4 Die Muffinmulden zu etwa ⅔ mit Teig füllen, die Sauerkirschen auf dem Teig verteilen. Die Muffins im Backofen (Mitte; Gas 3–4; Umluft 180 °C) etwa 30 Minuten backen, bis die Oberfläche fest und goldbraun geworden ist.

5 Die Muffins aus dem Backofen nehmen, in der Form etwa 5 Minuten abkühlen lassen. Dann vorsichtig herauslösen und auf einem Kuchengitter vollständig auskühlen lassen.

Muffins mit Schokostücken

Für 12 Stück

300 g Mehl mit
Weizenkeimen

100 g brauner Zucker

2 TL Backpulver

1 TL gem. Vanille
(aus dem Reformhaus)

1 Msp. Salz, 2 Eier

100 g zerlassene Butter

¼ l Milch

50 g Vollmilch-
Schokolade

1 Den Backofen auf 200 °C vorheizen. Ein Muffinblech fetten oder Papierförmchen hineinsetzen.

2 Mehl, Zucker, Backpulver, Vanille und Salz mischen.

3 Die Eier verquirlen. Butter und Milch untermischen und unter die Mehlmischung rühren. Die Schokolade grob hacken und untermengen.

4 Die Muffinmulden zu etwa ⅔ mit Teig füllen. Die Muffins im Backofen (Mitte; Gas 3–4; Umluft 180 °C) etwa 25 Minuten backen, bis sie hellbraun sind.

5 Die Muffins aus dem Backofen nehmen und in der Form 5 Minuten ruhen lassen. Dann herauslösen und lauwarm servieren oder auf einem Kuchengitter abkühlen lassen.

Sauerkirsch-Muffins

Orangenlikör-Muffins

100 g Mandeln

1 unbehandelte Orange

100 g zerlassene Butter

100 g brauner Zucker

1 TL gem. Vanille
(aus dem Reformhaus)

2 Eier

ca. 150 ml Milch

2–3 EL Cointreau

100 g Mehl mit
Weizenkeimen

50 g Speisestärke

2 TL Backpulver

Puderzucker zum
Bestäuben

1 Die Mandeln mit kochendem Wasser überbrühen und kurz darin ziehen lassen, dann aus den Häuten schnippen. Beiseite legen und trocknen lassen.

2 Den Backofen auf 200 °C vorheizen. Ein Muffinblech fetten oder Papierförmchen hineinsetzen. Die Orange heiß abwaschen und trockenreiben. Die Schale mit einem Zestenreißer oder einer Reibe dünn abraspeln. Den Saft auspressen (es sollten etwa 100 ml sein).

3 Butter, Zucker, Orangenschale, Vanille und Eier verrühren. Orangensaft, Milch und Cointreau hinzufügen und untermischen.

4 Die Mandeln fein mahlen. Mandeln, Mehl, Speisestärke und Backpulver mischen und mit der Eiermasse verrühren. Die Muffinmulden zu etwa ⅔ mit Teig füllen.

5 Die Muffins im Backofen (Mitte; Gas 3–4; Umluft 180 °C) etwa 25 Minuten backen.

6 Die Muffins aus dem Backofen nehmen und in der Form etwa 5 Minuten ruhen lassen. Dann herauslösen und auf einem Kuchengitter vollständig auskühlen lassen.

7 Die Muffins vor dem Servieren dünn mit Puderzucker bestäuben.

Tips

Auch eine Glasur aus Orangenlikör oder -saft und Puderzucker paßt gut zu diesen Muffins. Dafür 100 g Puderzucker mit 2–3 EL Likör oder Saft verrühren und die Muffins damit bestreichen. Reichen Sie einen Obstsalat aus frischen Früchten zu den Muffins, den Sie je nach dem saisonalen Angebot zusammenstellen können.

Dattel-Kokos-Muffins mit Rum

1 Den Backofen auf 200 °C vorheizen. Ein Muffinblech fetten oder Papierförmchen hineinsetzen.

2 In einer Schüssel die Butter mit dem Ei verquirlen. Den Zucker hinzufügen und unterrühren. Joghurt und Rum gründlich untermengen.

3 Die Datteln halbieren und die Steine entfernen. Das Fruchtfleisch in kleine Stücke schneiden.

4 Das Mehl mit dem Backpulver, den Mandeln und den Kokosflocken sorgfältig vermischen. Die Butter-Ei-Masse hinzufügen und nur kurz unterrühren. Die Datteln unter den Teig heben.

5 Die Muffinmulden zu etwa ⅔ mit Teig füllen und gleichmäßig mit den Kokosflocken bestreuen.

6 Die Muffins im Backofen (Mitte; Gas 3–4; Umluft 180°) in etwa 25 Minuten goldgelb backen.

7 Die Muffins aus dem Backofen nehmen, in der Form kurz abkühlen lassen. Dann herauslösen und auf einem Kuchengitter völlig auskühlen lassen.

Tip

Dazu paßt mit 1 Msp. Zimt und etwas gemahlener Vanille verfeinerte Schlagsahne. Gemahlene Vanille bekommen Sie im Bioladen oder Reformhaus.

Für 12 Stück
100 g zerlassene Butter
1 Ei
100 g brauner Zucker oder Honig
250 g Joghurt
2 EL brauner Rum
100 g getrocknete Datteln
150 g Mehl mit Weizenkeimen
2 TL Backpulver
50 g gem. Mandeln
4 EL Kokosflocken
Kokosflocken zum Bestreuen

Apfel-Muffins mit Zimt

Für 12 Stück
150 g zerlassene Butter
100 g brauner Zucker
1 TL gem. Zimt
2 Eier
100 g Joghurt
100 g Speisestärke (z. B. Mondamin)
100 g Mehl mit Weizenkeimen
1 TL Backpulver
2 Äpfel
4 EL Preiselbeeren
Aprikosenkonfitüre zum Bestreichen
1 TL Zitronensaft

1 Den Backofen auf 200 °C vorheizen. Ein Muffinblech fetten oder Papierförmchen hineinsetzen.

2 Die Butter in eine Schüssel geben. Zucker, Zimt, Eier und Joghurt hinzufügen und alles verrühren.

3 Speisestärke, Mehl und Backpulver in einer zweiten Schüssel mischen. Die Butter-Eier-Masse dazugeben und alles miteinander vermengen.

4 Die Muffinmulden zu etwa ⅔ mit Teig füllen. Die Äpfel schälen und vierteln, dabei die Kerngehäuse entfernen. Die Viertel quer in Scheiben schneiden. Die Apfelscheiben in den Teig drücken. Je 1 TL Preiselbeeren darauf verteilen und die Muffins im Backofen (Mitte; Gas 3–4; Umluft 180 °C) in etwa 30 Minuten goldbraun backen.

5 Die Muffins aus dem Backofen nehmen und in der Form etwa 5 Minuten ruhen lassen, dann herauslösen. Die Aprikosenkonfitüre mit dem Zitronensaft glattrühren und die Apfelschnitze damit bestreichen.

Rahm-Cookies

Für etwa 50 Stück
Für den Teig
200 g Mehl mit Weizenkeimen
100 gem. Haselnüsse
1 TL Backpulver
¼ TL Salz
50 g Butter
150 g saure Sahne
Zum Bestreichen
1 Ei, 2 EL Milch

1 Den Backofen auf 220 °C vorheizen. Für den Teig das Mehl und die Haselnüsse mit Backpulver und Salz mischen. Butter in Flöckchen dazugeben. Alles krümelig kneten. Die saure Sahne dazugeben und alles zu einem glatten Teig verarbeiten.

2 Den Teig auf einer bemehlten Arbeitsfläche etwa ½ cm dick ausrollen. Kreise von etwa 5 cm Durchmesser ausstechen.

2 Backbleche mit Backpapier auslegen. Die Cookies nebeneinander darauf legen.

3 Das Ei mit der Milch verquirlen. Cookies damit bestreichen und im Backofen (Mitte; Gas 4–5; Umluft 200 °C) in 12–15 Minuten goldbraun backen. Die Cookies aus dem Backofen nehmen und lauwarm servieren.

Apfel-Muffins mit Zimt

Beschwipste Mini-Muffins

Für 12 Stück
60 g zerlassene Butter

50 g brauner Zucker

1 TL Vanillezucker

1 Ei

50 g Speisestärke

2 ½ EL Mehl

¼ TL Backpulver

80 g abgetropfte Rumtopf-Früchte

1 Den Backofen auf 200 °C vorheizen. Ein Mini-Muffin-blech fetten oder Pralinen-Papierförmchen hineinsetzen.

2 Die Butter in eine Schüssel geben. Mit Zucker und Vanille-zucker verrühren. Das Ei hinzu-fügen und unterrühren.

3 Die Speisestärke, das Mehl und das Backpulver mischen. Die Butter-Ei-Masse dazugeben und alles gut miteinander ver-rühren.

4 Die Rumtopf-Früchte nach Belieben ganz lassen oder klein-schneiden und unter den Teig mengen.

5 Die Muffinmulden zu etwa ⅔ mit Teig füllen. Die Muffins im Backofen (Mitte; Gas 3–4; Umluft 180 °C) 15–20 Minuten backen.

6 Die Mini-Muffins aus dem Backofen nehmen, in der Form etwa 5 Minuten abkühlen las-sen, dann herauslösen.

Kokosnuß–Zitronen-Cookies

Für etwa 50 Stück
75 g Kokosflocken

100 g Butter

120 g brauner Zucker

1 Ei

2 TL ger. Zitronenschale

1 TL gem. Vanille (aus dem Reformhaus)

175 g Mehl

75 g Weizen-vollkornmehl

2 TL Backpulver

1 Msp. Salz

1 Den Backofen auf 200 °C vorheizen. 2 Backbleche fetten oder mit Backpapier auslegen.

2 Kokosflocken in einer Pfanne ohne Fett goldgelb rösten. But-ter und Zucker cremig rühren. Ei, Zitronenschale und Vanille hinzufügen.

3 Mehl, Weizenvollkornmehl, Backpulver, geröstete Kokos-flocken und Salz mischen und mit der Butter-Ei-Masse gut verrühren.

4 Mit einem Teelöffel kleine Teighäufchen auf die Back-bleche setzen.

5 Die Cookies im Backofen (Mitte; Gas 3–4; Umluft 180 °C) etwa 15 Minuten backen. Aus dem Backofen nehmen, auf dem Backblech kurz abkühlen lassen, dann ablösen.

Marzipan-Muffins

1 Den Backofen auf 200 °C vorheizen. Ein Muffinblech fetten oder Papierförmchen hineinsetzen.

2 Butter mit Zucker, Vanillezucker und Salz verrühren. Die Eier nacheinander unterrühren.

3 Die Marzipan-Rohmasse mit einer Gabel oder einem kleinen Messer fein zerkleinern. Mit der Milch zu der Butter-Eier-Masse geben und rühren, bis sich die Marzipan-Rohmasse aufgelöst hat.

4 Mehl, Weizenvollkornmehl, Mandeln und Zitronenschale mit Natron und Backpulver mischen und unter die Marzipanmasse heben. Der Teig muß schwer reißend vom Löffel fallen. Sollte er zu fest sein, noch etwas Milch unterrühren.

5 Die Muffinmulden zu etwa ⅔ mit Teig füllen. Die Muffins im Backofen (Mitte; Gas 3–4; Umluft 180 °C) etwa 25 Minuten backen.

6 Die Muffins aus dem Backofen nehmen und in der Form etwa 5 Minuten abkühlen lassen. Dann vorsichtig herauslösen und auf einem Kuchengitter vollständig auskühlen lassen. Vor dem Servieren mit Puderzucker bestäuben.

Tip

Toll schmeckt auch eine Glasur aus Cassislikör, Zitronensaft und Puderzucker. Dafür 50 g Puderzucker mit 1 EL Cassis und 1 TL Zitronensaft verrühren. Die noch warmen Muffins damit bestreichen, trocknen lassen.

Für 12 Stück
100 g zerlassene Butter
80 g brauner Zucker
1 Pck. Vanillezucker
1 Msp. Salz
2 Eier
100 g Marzipan-Rohmasse
5 EL Milch
120 g Mehl mit Weizenkeimen
2 EL Weizenvollkornmehl
2 EL gem. Mandeln
1 TL ger. Zitronenschale
½ TL Natron
1 TL Backpulver
Puderzucker zum Bestäuben

Möhren-Cookies mit Pinienkernen

Für den Teig

50 g Pinienkerne, unge-
salzen und ungeröstet

200 g Möhren

1 EL Zitronensaft

200 g weiche Butter

130 g brauner Zucker

2 Eier

1 TL gem. Vanille
(aus dem Reformhaus)

150 g Mehl mit
Weizenkeimen

100 g Weizen-
vollkornmehl

1 Msp. Salz

2 TL Backpulver

Für die Glasur

100 g Puderzucker

1 EL Grand Marnier

1 EL Orangensaft

1 Den Backofen auf 180 °C vorheizen. 2 Backbleche fetten oder mit Backpapier auslegen.

2 Die Pinienkerne grob hacken, dann in einer Pfanne ohne Fett goldgelb rösten. Die Möhren schälen und auf der Rohkostreibe fein raspeln. Dann sofort mit dem Zitronensaft vermengen, damit sie sich nicht zu stark verfärben.

3 Die Butter cremig rühren. Den Zucker hinzufügen und rühren, bis eine homogene Masse entstanden ist. Nach und nach die Eier und die Vanille dazugeben. Die Möhrenraspel in ein sauberes Leinentuch geben, gründlich ausdrücken und untermengen.

4 Mehl, Weizenvollkornmehl, Salz, Backpulver und geröstete Pinienkerne mischen und unter die Butter-Eier-Masse mengen.

5 Den Teig mit einem Teelöffel abnehmen und kleine Häufchen auf die Backbleche setzen. Die Cookies im Backofen (Mitte; Gas 2–3; Umluft 180 °C) etwa 20 Minuten backen.

6 Für die Glasur Puderzucker mit Grand Marnier und Orangensaft vermischen.

7 Die Cookies aus dem Backofen nehmen, auf dem Backblech kurz abkühlen lassen, dann ablösen. Mit der Glasur bestreichen, trocknen lassen.

Varianten

Statt Pinienkernen eignen sich auch Pistazien, gehackte Haselnüsse oder Mandelstifte gut.

Tip

Die Möhren machen den Teig sehr saftig. Dadurch bleiben die Cookies einige Tage frisch.

Pecannuß-Cappuccino-Cookies

Für etwa 50 Stück
100 g Butter
120 g brauner Zucker
1 Ei
½ TL gem. Zimt
150 g Mehl
2 EL Instant-Cappuccinopulver
1 Msp. Salz
1 TL Backpulver
60 g geh. Pecannüsse
50 g geh. Zartbitter-Schokolade

1 Den Backofen auf 180 °C vorheizen. 2 Backbleche fetten oder mit Backpapier auslegen.

2 Die Butter cremig rühren. Den Zucker hinzufügen und rühren, bis eine homogene Masse entstanden ist. Dann das Ei und den Zimt dazugeben.

3 Mehl, Cappuccinopulver, Salz, Backpulver, Pecannüsse und Schokolade mischen. Alles mit der Butter-Ei-Mischung gut vermengen.

4 Den Teig mit einem Teelöffel abnehmen und kleine Häufchen jeweils im Abstand von etwa 5 cm auf die Backbleche setzen. Die Cookies im Backofen (Mitte; Gas 2–3; Umluft 160 °C) etwa 15 Minuten backen.

5 Die Cookies aus dem Backofen nehmen, auf dem Backblech kurz abkühlen lassen, dann ablösen und auf einem Kuchengitter auskühlen lassen.

Schokoladen-Cookies

Für etwa 50 Stück
100 g Zartbitter-Schokolade
200 g Mehl mit Weizenkeimen
50 g gem. Haselnüsse
1 TL ger. Zitronenschale
1–2 TL Backpulver
200 g weiche Butter
120 g brauner Zucker
1 Pck. Vanillezucker
2 Eier

1 Die Schokolade fein reiben. Mit dem Mehl, den Haselnüssen, der Zitronenschale und dem Backpulver mischen. Die Butter mit dem Zucker und dem Vanillezucker verrühren. Die Eier nacheinander unter die Butter-Zucker-Masse rühren. Die Mehl-Schokoladen-Mischung untermengen.

2 Den Backofen auf 180 °C vorheizen. 2 Backbleche fetten oder mit Backpapier auslegen.

3 Aus dem Teig walnußgroße Kugeln formen. Die Kugeln etwas flachdrücken und nicht zu dicht nebeneinander auf die Backbleche setzen.

4 Die Cookies im Backofen (Mitte; Gas 2–3; Umluft 160 °C) etwa 15 Minuten backen, bis sie knusprig sind.

5 Die Cookies noch warm vom Backblech lösen und auf einem Kuchengitter auskühlen lassen.

Pecannuß-Cappuccino-Cookies

Gewürz-Cookies mit Schokohaube

Für etwa 50 Stück

Für den Teig

150 g Mehl mit Weizenkeimen

50 g Dinkel-vollkornmehl (aus dem Reformhaus)

100 g gem. Walnüsse

2 TL Lebkuchengewürz

100 g brauner Zucker

1 Ei

120 g Butter

Für die Glasur

200 g Zartbitter-Kuvertüre

geh. Pistazien zum Bestreuen

1 Für den Teig Mehl, Dinkel-vollkornmehl, Walnüsse, Lebkuchengewürz und Zucker mischen. In die Mitte eine Vertiefung hineindrücken.

2 Das Ei aufschlagen und hineingleiten lassen. Die Butter in Flöckchen auf dem Rand verteilen. Alle Zutaten zu einem glatten Teig verkneten. Zur Kugel formen und zugedeckt etwa 2 Stunden kalt stellen.

3 Den Backofen auf 200 °C vorheizen. 2 Backbleche fetten. Den Teig auf einer bemehlten Arbeitsfläche etwa ½ cm dick ausrollen und Kreise von etwa 5 cm Durchmesser ausstechen.

4 Die Cookies auf die Back-bleche legen und im Backofen (Mitte; Gas 3–4; Umluft 180 °C) 10–12 Minuten backen. Die Cookies aus dem Backofen nehmen und auf dem Backblech kurz abkühlen lassen.

5 Für die Glasur die Kuvertüre im Wasserbad schmelzen lassen. Die Cookies zur Hälfte in die Kuvertüre tauchen und mit den Pistazien bestreuen.

Tip

Schneller geht's, wenn Sie den Teig zur Rolle formen, kalt stellen und dann in etwa ½ cm dicke Scheiben schneiden.

Sesam-Vanille-Candys

Für etwa 40 Stück

100 g Sesamsamen

150 g brauner Zucker

3 EL Mehl

1 Ei

1 TL gem. Vanille (aus dem Reformhaus)

1 Msp. Salz

1 Den Backofen auf 200 °C vorheizen. 2 Backbleche fetten oder mit Backpapier auslegen.

2 In einer Pfanne ohne Fett die Sesamsamen goldgelb rösten.

3 Zucker mit Mehl, Ei, Vanille und Salz verrühren. Die Sesamsamen untermengen.

4 Den Teig mit einem Teelöffel abnehmen und kleine Häufchen auf die Backbleche setzen. Im Backofen (Mitte; Gas 3–4; Umluft 180 °C) 5–8 Minuten backen.

5 Die Candys aus dem Backofen nehmen, vom Backblech lösen und auf einem Kuchengitter auskühlen lassen.

Vanille-Zimt-Cookies

1 Den Backofen auf 200 °C vorheizen. 2 Backbleche fetten oder mit Backpapier auslegen.

2 Die Butter cremig rühren. Zucker und Eier dazugeben und alles gut verrühren. Die Vanille unterrühren.

3 Das Mehl mit Mandeln, Zimt und Backpulver mischen und nach und nach unter die Vanillecreme arbeiten.

4 Mit einem Teelöffel kleine Häufchen im Abstand von etwa 3 cm auf die Backbleche setzen. Cookies im Backofen (Mitte; Gas 3–4; Umluft 180 °C) in etwa 10 Minuten goldgelb backen.

5 Die Cookies aus dem Backofen nehmen, noch warm vom Backblech lösen und auf einem Kuchengitter abkühlen lassen.

Für etwa 40 Stück
100 g weiche Butter
100 g brauner Zucker
2 Eier
½ Pck. gem. Vanille (aus dem Reformhaus)
200 g Mehl mit Weizenkeimen
50 g gem. Mandeln
1 TL gem. Zimt
1 TL Backpulver

Pecannuß-Nelken-Cookies

1 Die Pecannüsse grob hacken. Butter und Zucker cremig rühren, Nelkenpulver, Kardamom und Ei unterrühren. Das Mehl mit dem Backpulver mischen und unter die Butter-Ei-Masse mengen. Den Teig zur Kugel formen und zugedeckt etwa 1 Stunde kalt stellen.

2 Den Backofen auf 180 °C vorheizen. 2 Backbleche fetten oder mit Backpapier auslegen.

3 Aus dem Teig mit bemehlten Händen etwa kirschgroße Kugeln formen. Die Kugeln auf die Backbleche setzen und im Backofen (Mitte; Gas 2–3; Umluft 160 °C) etwa 15–20 Minuten backen, bis die Cookies hellbraun sind.

4 Die Cookies aus dem Backofen nehmen, noch warm vom Backblech lösen und im Puderzucker wälzen.

Für etwa 50 Stück
100 g Pecannüsse
200 g Butter
100 g brauner Zucker
1 Msp. gem. Nelken
1 Msp. Kardamom
1 Ei, 300 g Mehl
1 TL Backpulver
Puderzucker zum Wenden

Ingwer-Cookies

Für etwa 50 Stück

175 g Butter
100 g brauner Zucker
1 Ei
4 EL Ahornsirup
1 TL gem. Zimt
1 TL gem. Ingwer
1 Msp. Salz
250 g Mehl mit Weizenkeimen
½ Pck. Backpulver
Zimtzucker zum Wenden

1 Die Butter mit dem Zucker cremig rühren, das Ei unterschlagen. Ahornsirup, Zimt, Ingwer und Salz unterrühren.

2 Das Mehl mit dem Backpulver mischen und rasch unter die Butter-Ei-Masse kneten. Den Teig zur Kugel formen und zugedeckt etwa 1 Stunde kalt stellen.

3 2 Backbleche fetten oder mit Backpapier auslegen. Den Backofen auf 200 °C vorheizen.

4 Aus dem Teig mit bemehlten Händen kirschgroße Kugeln formen. Die Kugeln in Zimtzucker wenden und auf die Backbleche setzen. Im Backofen (Mitte; Gas 3–4; Umluft 180 °C) etwa 10 Minuten backen.

5 Die Cookies aus dem Backofen nehmen, auf dem Backblech kurz abkühlen lassen, dann ablösen.

Erdnußbutter-Cookies

Für 1 Form von 20 x 30 cm

100 g Butter
100 g Erdnußbutter mit Stücken
100 g brauner Zucker
1 Ei
½ TL gem. Vanille (aus dem Reformhaus)
¼ TL gem. Zimt
120 g Mehl mit Weizenkeimen
100 g feine Haferflocken
1 TL Backpulver

1 Den Backofen auf 180 °C vorheizen. Eine Form fetten oder mit Backpapier auslegen.

2 Butter, Erdnußbutter und Zucker cremig rühren. Ei, Vanille und Zimt hinzufügen und unterrühren.

3 Mehl, Haferflocken und Backpulver mischen und unter die Butter-Ei-Mischung mengen.

4 Den Teig auf dem Boden der Form verteilen. Im Backofen (Mitte; Gas 2–3; Umluft 160 °C) etwa 20 Minuten backen.

5 Die Cookies aus dem Backofen nehmen, noch warm aus der Form lösen und in etwa 3 cm große Quadrate schneiden.

Stachelbeertörtchen mit Crème-fraîche-Guß

1 Für den Teig Speisestärke und Mehl mischen. Das Ei, den Zucker und die Butter in Flöckchen darauf verteilen. Alles zu einem glatten, elastischen Teig verkneten. Zur Kugel formen und in Frischhaltefolie gewickelt etwa 1 Stunde kalt stellen. Aus dem Pergamentpapier Kreise in Größe der Förmchen ausschneiden.

2 Den Backofen auf 200 °C vorheizen. 12 Tortelettförmchen von 10 cm Durchmesser fetten. Die Stachelbeeren waschen und trockentupfen.

3 Den Teig auf bemehlter Arbeitsfläche knapp ½ cm dick ausrollen. Teigkreise von 10–12 cm Durchmesser ausstechen. In die Förmchen legen, einen Rand hochdrücken und den Boden mit einer Gabel mehrmals einstechen. Das Pergamentpapier hineinlegen und mit Hülsenfrüchten beschweren. Die Böden im Backofen (Mitte; Gas 3–4; Umluft 180 °C) etwa 15 Minuten vorbacken.

4 Für den Guß Crème fraîche, Ei, Zucker, Weißwein und Speisestärke verrühren.

5 Die Böden aus dem Backofen nehmen. Papier und Hülsenfrüchte entfernen. Die Stachelbeeren auf den Böden verteilen und den Guß darübergießen. Törtchen im Backofen (Mitte; Gas 3–4; Umluft 180 °C) etwa 20 Minuten fertigbacken.

6 Die Törtchen aus dem Backofen nehmen, in den Förmchen kurz abkühlen lassen, dann vorsichtig herauslösen.

Varianten

Statt Stachelbeeren schmecken auch entsteinte Sauerkirschen oder halbierte Weintrauben ohne Kerne.

Für 12 Stück
Für den Teig
50 g Speisestärke (z. B. Mondamin)
100 g Mehl , 1 Ei
50 g brauner Zucker
50 g Butter
Für den Belag
je 150 g grüne und rote Stachelbeeren
Für den Guß
100 g Crème fraîche
1 Ei
2–3 EL Zucker
2 EL Weißwein
1 gestr. EL Speisestärke (z. B. Mondamin)
Außerdem
Pergamentpapier und getrocknete Hülsenfrüchte zum Vorbacken

Quark-Amaretto-Törtchen

1 Für den Teig die Speisestärke und das Mehl mischen. Das Ei, den Zucker und die Butter in Flöckchen darauf verteilen. Alles zu einem glatten, elastischen Teig verkneten. Zur Kugel formen und in Frischhaltefolie gewickelt etwa 1 Stunde kalt stellen.

2 Den Backofen auf 200 °C vorheizen. Ein Muffinblech fetten. Aus Pergamentpapier 12 Kreise in Größe der Muffinmulden ausschneiden.

3 Den Teig auf Mehl etwa 3 mm dick ausrollen. Aus dem Teig 12 Kreise ausschneiden und in die Muffinmulden legen. Die Pergamentkreise hineingeben und mit den Hülsenfrüchten beschweren. Die Böden im Backofen (Mitte; Gas 3–4; Umluft 180 °C) etwa 15 Minuten vorbacken, bis sie hellgelb sind. Dann aus dem Backofen nehmen, die Hülsenfrüchte und das Pergamentpapier entfernen.

4 Für den Belag das Ei trennen. Den Quark mit der Speisestärke, dem Eigelb, dem Zucker, dem Amaretto, der Zitronenschale und der Marzipan-Rohmasse verrühren. Das Eiweiß steif schlagen und unterziehen. Mit einem Eßlöffel die Masse auf den Böden verteilen.

5 Die Törtchen im Backofen (Mitte; Gas 3–4; Umluft 180 °C) in etwa 20 Minuten fertigbacken, bis die Quarkmasse fest ist.

6 Die Törtchen aus dem Backofen nehmen und in den Formen erkalten lassen. Dann vorsichtig herauslösen und mit etwas Zimt und Puderzucker bestäuben.

Tip

Zum Vorbacken der Böden eignen sich auch die Papierförmchen, die man für die Muffins benützt. Sie können die Törtchen natürlich auch in Tortelettförmchen backen.

Mürbe Törtchen mit Zitronencreme und Erdbeeren

1 Für den Teig Speisestärke und Mehl mischen. Das Ei, den Zucker und die Butter in Flöckchen darauf verteilen. Alles zu einem glatten, elastischen Teig verkneten. Zur Kugel formen, in Frischhaltefolie gewickelt etwa 1 Stunde kalt stellen.

2 Den Backofen auf 200 °C vorheizen. Ein Backblech fetten oder mit Backpapier auslegen.

3 Den Teig auf bemehlter Arbeitsfläche knapp 1 cm dick ausrollen. Mit einem Glas Teigkreise von 8–10 cm Durchmesser ausstechen. Auf das Backblech legen und im Backofen (Mitte; Gas 3–4; Umluft 180 °C) 10–15 Minuten backen. Dann aus dem Backofen nehmen und auf dem Backblech abkühlen lassen.

4 Für die Zitronencreme das Ei trennen. Das Eigelb mit Speisestärke und ⅛ l Milch verquirlen. Restliche Milch mit Zucker und Salz zum Kochen bringen. Die angerührte Speisestärke hineinrühren und kurz aufkochen lassen. Das Eiweiß steif schlagen und unterziehen. Nochmals kurz aufkochen lassen. Zitronensaft und -schale sowie den Joghurt unter die Creme rühren. Unter Rühren erkalten lassen.

5 Die Kuvertüre im Wasserbad schmelzen lassen. Die Erdbeeren waschen, die Stielansätze entfernen. Die Früchte je nach Größe halbieren oder vierteln. Die Kuvertüre auf den Rand der Teigkreise geben, die Erdbeeren darauf setzen, die Kuvertüre trocknen lassen. Die Zitronencreme in einen Spritzbeutel mit Lochtülle geben und in die Mitte der Törtchen spritzen. Mit den Pistazien bestreuen.

Tip

Wenn Sie keinen Spritzbeutel haben, können Sie die Zitronencreme auch mit Hilfe eines Teelöffels in die Mitte der Törtchen füllen.

IV Für Partys

Ob großer Sektempfang, kleine gemütliche Runde oder Kinder- geburtstag – Mini-Muffins, fein gefüllte Törtchen, pikantes Gebäck und saftige kleine Kuchen lassen sich prima vorbereiten und eignen sich für viele Gelegenheiten.

Mini-Muffins mit Frühlingszwiebeln

Für 24 Stück

3–4 Frühlingszwiebeln
1 EL Butter
100 g ger. Pecorino
150 g Mehl
2 TL Backpulver
1 TL Natron
1 TL gem. Kreuzkümmel
½ TL gem. Koriander
Salz, Pfeffer
100 g zerlassene Butter
1 Ei
150 g saure Sahne
100 g Joghurt

1 Frühlingszwiebeln waschen, putzen, in feine Ringe schneiden. Die Butter in einer Pfanne zerlassen und die Zwiebeln darin weich dünsten. Backofen auf 200 °C vorheizen. 2 Mini-Muffinbleche fetten oder Papier-Pralinenförmchen hineinsetzen.

2 In einer Schüssel Pecorino, Mehl, Backpulver, Natron, Kreuzkümmel, Koriander, Salz und Pfeffer mischen.

3 In einer zweiten Schüssel die Butter mit Ei, saurer Sahne und Joghurt verquirlen. Die Frühlingszwiebeln unterrühren. Mit der Mehl-Käse-Mischung eßlöffelweise vermengen.

4 Die Muffinmulden zu etwa ⅔ mit Teig füllen. Die Mini-Muffins im Backofen (Mitte; Gas 3–4; Umluft 180 °C) etwa 20 Minuten backen.

5 Die Muffins aus dem Backofen nehmen, in der Form etwa 5 Minuten abkühlen lassen, dann herauslösen und auf einem Kuchengitter vollständig auskühlen lassen.

Oliven-Tomaten-Cookies

Für etwa 30 Stück

5 schwarze Oliven ohne Stein
4 eingelegte getrocknete Tomaten
150 g Mehl
½ TL Backpulver
1 Msp. Salz
1 Msp. Paprikapulver, rosenscharf
2 EL ger. Parmesan
50 g Butter
1 Ei

1 Die Oliven kleinschneiden. Die Tomaten abtropfen lassen und ebenfalls klein schneiden.

2 Mehl, Backpulver, Salz, Paprikapulver und Parmesan mischen. Die Butter in Flöckchen darauf verteilen. Alles mit den Händen zerreiben, bis eine krümelige Masse entstanden ist.

3 Das Ei hinzufügen und alles zu einem festen Teig verkneten. Zu einer Rolle von etwa 3 cm Durchmesser formen und in Frischhaltefolie gewickelt mindestens 1 Stunde kalt stellen.

4 Den Backofen auf 200 °C vorheizen. Die Teigrolle in etwa ½ cm dicke Scheiben schneiden und auf ein gefettetes Backblech legen.

5 Die Cookies im Backofen (Mitte; Gas 3–4; Umluft 180°) 15–20 Minuten backen. Dann aus dem Backofen nehmen, noch warm vom Backblech lösen und abkühlen lassen.

Parmesan-Haselnuß-Cookies

1 Den Backofen auf 180 °C vorheizen. Die Haselnüsse auf ein Backblech legen und im Backofen (Mitte; Gas 2–3; Umluft 160 °C) rösten, bis sich die braunen Häutchen ablösen lassen. Die Haselnüsse herausnehmen, in ein Küchentuch geben und die braunen Häutchen abreiben.

2 Mehl, Buchweizenvollkornmehl, Backpulver, Salz, Cayennepfeffer und Zucker in einer Schüssel mischen. Die Butter in Flöckchen auf dem Mehl verteilen. Alles mit den Händen verreiben, bis eine krümelige Masse entstanden ist.

3 Den Käse, die Milch und die Haselnüsse hinzufügen und alles rasch zu einem festen Teig verkneten. Aus dem Teig eine Rolle von etwa 3 cm Durchmesser formen. Die Rolle in Frischhaltefolie wickeln und etwa 1 Stunde kalt stellen.

4 Den Backofen auf 200 °C vorheizen. Ein Backblech fetten oder mit Backpapier auslegen.

5 Die Teigrolle aus dem Kühlschrank nehmen und in etwa ½ cm dicke Scheiben schneiden. Die Scheiben auf das Backblech legen.

6 Die Cookies im Backofen (Mitte; Gas 3–4; Umluft 180 °C) 15–20 Minuten backen. Dann aus dem Backofen nehmen, noch warm vom Backblech lösen und auf einem Kuchengitter abkühlen lassen.

Für etwa 30 Stück
50 g ganze Haselnüsse
100 g Mehl mit Weizenkeimen
50 g Buchweizenvollkornmehl (aus dem Reformhaus)
½ TL Backpulver
¼ TL Salz
1 kräftige Prise Cayennepfeffer
½ TL Zucker
50 g Butter
50 g ger. Parmesan
50 ml Milch

Kümmel-Speck-Cookies

Für etwa 30 Stück
Für den Teig
50 g durchwachsener Räucherspeck
150 g Mehl
½ TL Backpulver
1 Msp. Salz
1 kräftige Prise Pfeffer
1 TL Kümmel
50 g Butter
1 Ei
Außerdem
1 Eigelb, 1 EL Milch
Kümmel

1 Den Speck sehr klein würfeln und in einer Pfanne knusprig ausbraten.

2 Mehl, Backpulver, Salz, Pfeffer und Kümmel in einer Schüssel mischen. Die Butter in Flöckchen auf dem Mehl verteilen. Alles mit den Händen zu einer krümeligen Masse verreiben.

3 Das Ei und den Speck dazugeben und alles rasch zu einem geschmeidigen Teig verkneten. Zur Rolle formen und in Frischhaltefolie wickeln. Mindestens 1 Stunde kalt stellen.

4 Den Backofen auf 200 °C vorheizen. Ein Backblech fetten.

5 Die Teigrolle in etwa ½ cm dicke Scheiben schneiden und auf das Backblech legen. Das Eigelb mit der Milch verquirlen und die Cookies damit bestreichen. Mit Kümmel bestreuen.

6 Die Cookies im Backofen (Mitte; Gas 3–4; Umluft 180 °C) in 15–20 Minuten goldgelb backen. Dann aus dem Backofen nehmen, vom Backblech lösen und auskühlen lassen.

Käsegebäck

Für etwa 50 Stück
250 g Mehl
½ TL Backpulver
1 Msp. Salz
100 g ger. Greyerzer
100 g Butter
3 EL Erdnußbutter mit Stücken
1 getrocknete Chilischote
2 Eier, 1 EL Milch
je 1 EL fein geh. Sonnenblumen- oder Kürbiskerne, geh. Pinienkerne und Kümmel

1 Mehl, Backpulver, Salz und Käse mischen. Butter und Erdnußbutter darauf verteilen. Alles mit den Händen zerkrümeln.

2 Die Chilischote zerbröseln, 1 Ei trennen. Chilischote, 1 Ei und 1 Eiweiß zur Mehlmischung geben. Alles zu einem festen Teig verkneten. Zur Kugel formen und in Frischhaltefolie gewickelt etwa 30 Minuten kalt stellen.

3 Den Backofen auf 200 °C vorheizen. 2 Backbleche fetten.

4 Den Teig auf einer bemehlten Fläche etwa ½ cm dick ausrollen und beliebige Formen ausstechen.

5 Die Cookies auf die Backbleche legen. Das Eigelb mit der Milch verquirlen. Die Cookies damit bestreichen und mit gehackten Sonnenblumen- oder Kürbiskernen sowie Pinienkernen und Kümmel bestreuen. Im Backofen (Mitte; Gas 3–4; Umluft 180 °C) etwa 15–20 Minuten backen.

Oliven-Tomaten-Cookies (Rezept S. 76), Parmesan-Haselnuß-
Cookies (Rezept S. 77), Kümmel-Speck-Cookies

Brioches mit Schinken-Füllung

Für 12 Stück
350 g Mehl
1 TL Salz
½ Würfel Hefe (21 g)
50 ml lauwarme Milch
2 Frühlingszwiebeln
100 g gekochter Schinken
150 g zerlassene Butter
4 Eier
1 EL Butter
50 g Gouda
2 EL Schmand
1 Eigelb, 1 EL Milch

1 Das Mehl in eine Schüssel geben, mit dem Salz mischen und eine Vertiefung hineindrücken. Die Hefe hineinbröckeln und mit der Milch und wenig von dem Mehl verrühren. Die Schüssel zudecken und den Vorteig an einem warmen Ort etwa 15 Minuten gehen lassen.

2 Inzwischen die Frühlingszwiebeln waschen, putzen und in feine Ringe schneiden. Den Schinken klein würfeln.

3 Die Butter mit 3 Eiern zum Vorteig geben und alles mit den Knethaken des Handrührgerätes zu einem geschmeidigen, weichen Teig verarbeiten, zugedeckt an einem warmen Ort etwa 30 Minuten gehen lassen.

4 Den Eßlöffel Butter in einer Pfanne zerlassen. Die Frühlingszwiebeln darin weich dünsten. Dann beiseite stellen und abkühlen lassen. Den Käse fein reiben. Mit den Frühlingszwiebeln, dem Schmand und dem restlichen Ei gründlich vermengen. Ein Muffinblech fetten.

5 Den Hefeteig auf bemehlter Fläche nochmals durchkneten. Etwa ¼ des Teiges beiseite legen, den Rest in 12 gleiche Teile teilen, diese rund ausrollen und in die Muffinmulden legen. Die Füllung darauf verteilen und den Teig oben schließen. Aus dem restlichen Teig 12 kleine Kugeln formen und obenauf setzen. Die Brioches zugedeckt noch etwa 15 Minuten gehen lassen.

6 Den Backofen auf 200 °C vorheizen. Das Eigelb mit der Milch verquirlen und die Brioches damit bestreichen. Die Brioches im Backofen (Mitte; Gas 3–4; Umluft 180 °C) etwa 25 Minuten backen.

7 Die Brioches aus dem Backofen nehmen, in der Form etwa 5 Minuten abkühlen lassen, herauslösen. Sie schmecken am besten lauwarm.

Variante

Das mögen vor allem Kinder gerne: Statt der Schinken-Füllung einfach 2 Wiener Würstchen in etwa 3 cm große Stücke schneiden. Die Stückchen in den Teig hüllen, die Brioches wie beschrieben backen.

Kartoffeltäschchen mit Hähnchen-Pilz-Füllung

1 Für den Teig die Kartoffeln in wenig Wasser etwa 30 Minuten garen.

2 Während die Kartoffeln garen, für die Füllung die Pilze putzen und in Scheiben schneiden. Die Schalotten und den Knoblauch schälen und fein hacken. Die Hähnchenbrustfilets waschen, trockentupfen und in kleine Würfel schneiden.

3 Die Hälfte des Öls in einer Pfanne erhitzen. Schalotten und Knoblauch darin glasig dünsten. Die Pilze hinzufügen und mitdünsten, bis die Flüssigkeit, die sich dabei bildet, beinahe verdampft ist. Dann herausnehmen und beiseite stellen.

4 Das restliche Öl in die Pfanne geben. Die Hähnchenbrustwürfel darin kurz braten, bis sie rundum weiß und innen nicht mehr rosa sind. Die Kräuter unterrühren und mit Salz und Pfeffer kräftig würzen. Fleisch und Pilze mischen und zugedeckt beiseite stellen.

5 Die Kartoffeln abgießen, schälen und heiß durch eine Kartoffelpresse drücken. Etwas abkühlen lassen, mit Mehl, Parmesan, Salz und Pfeffer verkneten.

6 Den Mozzarella in kleine Würfel schneiden und unter die Pilzfüllung mischen. Den Backofen auf 200 °C vorheizen. Ein Backblech fetten oder mit Backpapier auslegen.

7 Den Teig in etwa 30 gleiche Portionen teilen. Jede Portion auf wenig Mehl vorsichtig ausrollen. Etwas Füllung darauf verteilen. Den Teig darüber klappen und die Ränder festdrücken.

8 Die Kartoffeltäschchen auf das Backblech legen. Das Eigelb mit der Milch verquirlen und die Täschchen damit bestreichen. Im Backofen (Mitte; Gas 3–4; Umluft 180°) etwa 40 Minuten backen. Die Täschchen aus dem Backofen nehmen und auf dem Backblech kurz abkühlen lassen. Dann ablösen und sofort servieren.

Für etwa 30 Stück
Für den Teig
1 kg mehligkochende Kartoffeln
150 g Mehl
2 EL ger. Parmesan
Salz, Pfeffer
Für die Füllung
150 g Egerlinge
2 Schalotten
2 Knoblauchzehen
2 Hähnchenbrustfilets
2 EL Olivenöl
je ½ TL getrocknetes Basilikum, getrockneter Rosmarin, Thymian und Oregano
Salz, Pfeffer
125 g Mozzarella
Zum Bestreichen
1 Eigelb, 1 EL Milch

Mürbteigtörtchen mit Radieschencreme

Für 12 Stück
Für den Teig
150 g Mehl
50 g gem. Walnüsse
60 g kalte Butter
1 Msp. Salz
1 EL ger. Parmesan
½ TL ger. Zitronenschale
1 Ei
Für die Füllung
10 Radieschen
2 Frühlingszwiebeln
1 Knoblauchzehe
1 Bund Schnittlauch, in Röllchen
200 g Ricotta
1 EL saure Sahne
2 EL ger. Parmesan
Salz, Pfeffer
Außerdem
Pergamentpapier und getrocknete Hülsenfrüchte zum Vorbacken
einige Blätter Salat
Kräuter und Radieschenscheiben zum Garnieren

1 Mehl, Walnüsse, Butter in Flöckchen, Salz, Parmesan, Zitronenschale und Ei rasch zu einem glatten Teig verkneten. Zur Rolle formen und in 12 Portionen teilen. Jede Portion in eine Muffinmulde geben, dabei jeweils einen kleinen Teigrand formen. Etwa 1 Stunde kalt stellen.

2 Aus Pergamentpapier 12 Kreise in Größe der Muffinmulden zuschneiden. Den Backofen auf 200 °C vorheizen. Teigböden jeweils mit einem Stück Pergamentpapier bedecken und mit Hülsenfrüchten belegen. Im Backofen (Mitte; Gas 3–4; Umluft 180 °C) 15–20 Minuten backen.

3 Das Muffinblech aus dem Backofen nehmen, Papier und Hülsenfrüchte entfernen. Die Böden vorsichtig herauslösen und auf einem Kuchengitter abkühlen lassen.

4 Die Salatblätter waschen und trockentupfen. Radieschen waschen und grob raspeln, auf Küchenpapier abtropfen lassen. Frühlingszwiebeln putzen, waschen, mit dem zarten Grün in sehr feine Ringe schneiden. Den Knoblauch schälen und durchpressen.

5 Die Böden mit Salat auslegen. Radieschen, Frühlingszwiebeln, Schnittlauch und Knoblauch mit Ricotta, saurer Sahne und Parmesan vermischen. Mit Salz und Pfeffer würzen und in die Böden füllen. Mit Kräutern und Radieschenscheiben garnieren.

Varianten

Lachscreme: 200 g Räucherlachs mit 150 g saurer Sahne, 1 EL Zitronensaft, Salz, Pfeffer und 1 TL gehacktem Dill pürieren. 2 Blatt Gelatine einweichen und auflösen. Unter die Lachscreme mischen. Mit trockenem Sherry abschmecken. Die Creme 4–5 Stunden kalt stellen. In einen Spritzbeutel mit Sterntülle füllen und in die mit Salat ausgelegten Mürbteigböden spritzen.

Avocado-Cocktail: 1 reife Avocado schälen und das Fruchtfleisch zerdrücken. Mit 1 EL Zitronensaft, 125 g griechischem Joghurt, 2 EL Crème fraîche, 2 zerdrückten Knoblauchzehen und 1 gewürfelten Tomate mischen. Die Mürbteigtörtchen damit bestreichen.

Mürbteigtörtchen mit verschiedenen Füllungen

Blätterteig-Ecken mit Lachsfüllung

Für 12 Stück
1 Pck. TK-Blätterteig (450 g)
250 g Ricotta
50 g Schmand
2 TL Meerrettich aus dem Glas
1 EL Schnittlauch- röllchen
Salz, Pfeffer
Cayennepfeffer
100 g Räucherlachs
50 g Nordmeerkrabben
1 Ei, 2 EL Milch

1 Die Blätterteigplatten nebeneinander legen und auftauen lassen. Den Backofen auf 200 °C vorheizen.

2 Inzwischen für die Füllung Ricotta, Schmand, Meerrettich und Schnittlauch verrühren. Mit Salz, Pfeffer und Cayennepfeffer würzen. Den Räucherlachs in Würfel schneiden und mit den Krabben unter die Ricotta-Creme mischen.

3 Die Blätterteigplatten leicht ausrollen, dann jede Platte in zwei Quadrate teilen. Das Ei trennen. Die Ränder der Blätterteigquadrate mit Eiweiß bestreichen. Die Füllung auf den Teigstücken verteilen. Die Teigstücke diagonal zusammenklappen und die Ränder mit einer Gabel fest andrücken.

4 Ein Backblech mit Wasser abspülen, aber nicht abtrocknen. Die Teigecken darauflegen.

5 Das Eigelb mit der Milch verquirlen und die Teigecken damit bestreichen. Im heißen Backofen (Mitte; Gas 3–4; Umluft 180 °C) etwa 20 Minuten backen.

6 Die Blätterteigecken aus dem Backofen nehmen, auf dem Backblech kurz abkühlen lassen. Am besten lauwarm servieren.

Variante

Statt Lachs können Sie auch geräucherte Lachsforellenfilets nehmen und die Krabben durch eine gehäutete und gewürfelte Tomate ersetzen.

Tip

Die Blätterteigecken können Sie vorbereiten und kurz bevor die Gäste kommen in den Backofen schieben.

Mini—Tomaten—Pizzen

1 Für den Teig das Mehl mit dem Salz in eine Schüssel geben und in die Mitte eine Mulde drücken. Die Hefe hineinbröckeln. Mit dem Zucker, 50 ml Wasser und etwas von dem Mehl verrühren. Die Schüssel zudecken, den Vorteig an einem warmen Ort etwa 15 Minuten gehen lassen.

2 Für den Belag die Zwiebeln schälen und fein hacken. Das Öl erhitzen und die Zwiebeln darin glasig dünsten. Den Knoblauch schälen und dazupressen. Das Tomatenmark und die Tomaten hinzufügen. Mit Salz, Pfeffer, Basilikum und Thymian würzen. Etwa 30 Minuten offen köcheln lassen.

3 Restliches Wasser und Öl zum Vorteig geben. Alles gründlich verkneten. Den Teig zugedeckt etwa 45 Minuten gehen lassen, bis sich sein Volumen etwa verdoppelt hat.

4 Den Backofen auf 250 °C vorheizen. Ein Backblech fetten oder mit Backpapier auslegen. Den Teig in 12 etwa gleiche Portionen teilen. Die Teigstücke auf einer bemehlten Arbeitsfläche ausrollen, dabei einen kleinen Rand formen.

5 Die Pizzen mit der Tomatensauce bestreichen. Den Mozzarella in kleine Würfel schneiden und darüber streuen, mit etwas Öl beträufeln. Im Backofen (unten; Gas 5–6; Umluft 220 °C) etwa 25 Minuten backen.

6 Die Pizzen aus dem Backofen nehmen, auf dem Backblech kurz abkühlen lassen. Warm oder kalt servieren.

Tip

Sie können den Teig auch auf zwei Backbleche verteilen und die Pizza dann in größere Quadrate oder Dreiecke schneiden, die man bequem aus der Hand essen kann.

Für 12 Stück
Für den Teig
500 g Mehl
1 TL Salz
½ Würfel Hefe (21 g)
1 Msp. Zucker
etwa ¼ l lauwarmes Wasser
4 EL Olivenöl
Für den Belag
2 große Zwiebeln
3 EL Olivenöl
3 Knoblauchzehen
3 EL Tomatenmark
1 Dose Pizza-Tomaten (Inhalt 800 g)
Salz, Pfeffer
2 TL getrocknetes Basilikum
2 TL getrockneter Thymian
250 g Mozzarella

Käse-Speck-Schiffchen

Für 10 Stück

Für den Teig

100 g Mehl mit
Weizenkeimen

100 g Dinkel-
vollkornmehl
(aus dem Reformhaus)

80 g kalte Butter

1 Msp. Salz

Für die Füllung

2 kleine Stangen Lauch

50 g durchwachsener
Räucherspeck

2 Eier

200 g Schmand

Salz

weißer Pfeffer

ger. Muskatnuß

100 g ger. Greyerzer

1 Für den Teig das Mehl und das Dinkelvollkornmehl in eine Schüssel sieben. Die Butter kleinschneiden und mit dem Salz und 4–6 EL eiskaltem Wasser zum Mehl geben. Alles rasch zu einem glatten Teig verkneten. Zur Kugel formen und zugedeckt mindestens 30 Minuten kalt stellen.

2 Für die Füllung den Lauch putzen, längs aufschlitzen, waschen und in dünne Ringe schneiden. Den Speck ohne Schwarte und Knorpel in sehr kleine Würfel schneiden und in einer Pfanne bei mittlerer Hitze auslassen, dann herausnehmen. Den Lauch im Speckfett etwa 7 Minuten dünsten, dann beiseite stellen und abkühlen lassen.

3 Eier und Schmand verquirlen; mit Salz, Pfeffer und Muskat würzen. Den Käse und den Lauch unterrühren.

4 Den Backofen auf 200 °C vorheizen. 10 Schiffchenformen fetten. Den Teig auf einer bemehlten Arbeitsfläche dünn ausrollen, die Förmchen damit auslegen. Die Füllung gleichmäßig darauf verteilen.

5 Die Törtchen im heißen Backofen (Mitte; Gas 3–4; Umluft 180 °C) etwa 15 Minuten backen. Die Hitze auf 180 °C (Gas 2–3; Umluft 160 °C) reduzieren und die Törtchen weitere 10 Minuten backen. Aus dem Backofen nehmen und sofort servieren.

Varianten

Aus den angegebenen Zutaten können Sie auch eine große Quiche zubereiten. Dafür anstelle von 10 kleinen Förmchen eine Springform von 26 cm Durchmesser verwenden. Die Quiche dann bei 180 °C (Mitte; Gas 2–3; Umluft 160 °C) etwa 45 Minuten backen.
Versuchen Sie statt Greyerzer Käse einmal Blauschimmelkäse oder mittelalten Gouda.

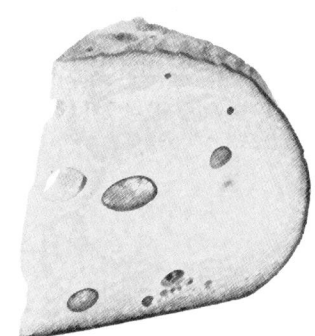

Pilz-Pizzen mit Rucola und Parmesan

1 Für den Teig das Mehl mit dem Salz in eine Schüssel geben und in die Mitte eine Mulde drücken. Die Hefe hineinbröckeln. Mit dem Zucker, 50 ml Wasser und etwas von dem Mehl verrühren. Die Schüssel zudecken und den Vorteig an einem warmen Ort etwa 15 Minuten gehen lassen.

2 Restliches Wasser und Öl zum Vorteig geben. Alles gründlich verkneten. Den Teig zugedeckt etwa 30 Minuten gehen lassen, bis sich sein Volumen etwa verdoppelt hat.

3 Für den Belag die Pilze putzen, in feine Scheiben schneiden und mit dem Zitronensaft beträufeln, damit sie sich nicht zu stark verfärben. Den Rucola waschen und trockentupfen. Die harten Stiele entfernen. Den Knoblauch schälen und fein hacken. Mit der Tomatensauce und dem Tomatenmark verrühren, anschließend mit Pfeffer würzen.

4 Den Backofen auf 250 °C vorheizen. Ein Backblech fetten oder mit Backpapier auslegen. Den Teig in 12 etwa gleiche Portionen teilen. Jedes Teigstück rund ausrollen, einen kleinen Rand formen.

5 Die Pizzen mit der Tomatensauce bestreichen und mit den Pilzen und dem Rucola belegen. Den Mozzarella sehr fein würfeln und auf den Belag verteilen. Den Parmesan in feinen Scheiben darüber hobeln. Die Pizzen mit Öl beträufeln und im Backofen (unten; Gas 5–6; Umluft 220 °C) etwa 25 Minuten backen.

6 Die Pizzen aus dem Backofen nehmen, auf dem Backblech kurz abkühlen lassen. Warm oder kalt servieren.

Für 12 Stück
Für den Teig
500 g Mehl
1 TL Salz
½ Würfel Hefe (21 g)
1 Msp. Zucker
etwa ¼ l lauwarmes Wasser
4 EL Olivenöl
Für den Belag
300 g Egerlinge
1 EL Zitronensaft
1 Bund Rucola
2 Knoblauchzehen
1 Pck. Tomatensauce mit Kräutern
2 EL Tomatenmark
weißer Pfeffer
125 g Mozzarella
100 g Parmesan

Tip

Servieren Sie dazu einen bunten gemischten Salat, dann haben Sie eine vollwertige Mahlzeit.

Pikante Quark-Kräuter-Quiches

1 Für den Teig das Mehl und das Weizenvollkornmehl mit dem Salz mischen, in eine Schüssel sieben und eine Vertiefung hineindrücken. Das Ei hineingeben und die Butter in Flöckchen auf dem Mehlrand verteilen. Die Zutaten rasch zu einem glatten Teig verarbeiten. Den Teig zur Kugel formen und zugedeckt mindestens 1 Stunde im Kühlschrank ruhen lassen.

2 Den Backofen auf 200 °C vorheizen. 8 Tortelettförmchen von 10 cm Durchmesser fetten. Aus Pergamentpapier Kreise in Größe der Förmchen ausschneiden. Den Teig auf bemehlter Fläche etwa 3 mm dick ausrollen. Kreise ausstechen und die Förmchen damit auslegen. Den überstehenden Rand abschneiden. Mit einer Gabel die Teigböden mehrmals einstechen.

3 Die Pergamentpapierkreise auf den Teig legen, die Hülsenfrüchte darauf verteilen. Die Böden im Backofen (Mitte; Gas 3–4; Umluft 180 °C) etwa 15 Minuten vorbacken.

4 Inzwischen für die Füllung die Kräuter waschen, gut trockentupfen und fein hacken. Die Eier trennen und das Eigelb mit dem Quark und der Sahne verrühren. Die Kräuter untermengen und alles mit Salz und Pfeffer abschmecken. Das Eiweiß steif schlagen und mit einem Schneebesen unterheben.

5 Die Förmchen aus dem Backofen nehmen. Hülsenfrüchte und Papier entfernen. Die Eiercreme auf den Teigböden verteilen. Die Quiches im Backofen (Mitte; Gas 3–4; Umluft 180 °C) in etwa 20–25 Minuten fertigbacken.

6 Die Quiches aus dem Backofen nehmen, auf dem Backblech kurz abkühlen lassen. Warm oder lauwarm servieren.

Tip

Backen Sie die Quiche in einer großen Springform. Reichen Sie einen bunten Salat dazu, dann haben Sie eine komplette Mahlzeit für 4 Personen.

Brombeer-Törtchen

1 Für den Teig Mehl, Weizen-vollkornmehl, Walnüsse, Salz und Zucker in einer Schüssel mischen. Die Butter in Flöck-chen darauf verteilen. 3–4 EL kaltes Wasser dazugeben und alles rasch zu einem festen Teig verkneten. Zur Kugel formen, in Frischhaltefolie wickeln und etwa 1 Stunde kalt stellen.

2 Den Backofen auf 200 °C vor-heizen. Ein Muffinblech fetten. Aus Pergamentpapier 12 Kreise in Größe der Muffinmulden aus-schneiden.

3 Den Teig auf bemehlter Flä-che etwa 3 mm dick ausrollen. 12 Kreise ausstechen oder aus-schneiden, die Muffinmulden damit auskleiden. Die Perga-mentpapierkreise auf die Teig-böden geben, mit den Hülsen-früchten beschweren.

4 Die Teigböden im Backofen (Mitte; Gas 3–4; Umluft 180 °C) etwa 8 Minuten backen. Hül-senfrüchte und Papier entfer-nen, die Böden noch etwa 8 Mi-nuten backen. Dann aus dem Backofen nehmen, auf dem Backblech kurz abkühlen lassen, dann vorsichtig aus der Form lösen.

5 Für die Füllung die Beeren waschen, putzen und abtropfen lassen. Mit der Vanille und dem Zucker in einen Topf geben. Den Johannisbeersaft hinzufügen und alles zum Kochen bringen. Die Speisestärke mit dem Cassis-likör anrühren. Mit dem Zimt zu den Früchten geben und alles etwa 3 Minuten köcheln lassen, bis die Flüssigkeit dickflüssig wird. Die Mischung abkühlen lassen.

6 Die abgekühlte Mischung auf die Teigböden geben. Die Tört-chen mit den gehackten Pista-zien garnieren.

Variante

Gehaltvoller und etwas mür-ber wird der Teig, wenn Sie das Wasser durch ein kleines Ei ersetzen.

Für 12 Stück
Für den Teig
100 g Mehl mit Weizenkeimen
50 g Weizen-vollkornmehl
50 g gem. Walnüsse
1 Msp. Salz
3–4 EL brauner Zucker
100 g kalte Butter
Für die Füllung
300 g Brombeeren
1 TL gem. Vanille (aus dem Reformhaus)
1–2 EL brauner Zucker
100 ml schwarzer Johannisbeersaft
1 EL Speisestärke
2 EL Cassislikör
½ TL gem. Zimt
2 EL geh. Pistazien
Außerdem
Pergamentpapier und getrocknete Hülsen-früchte zum Vorbacken

Kokos-Orangen-Konfekt

Für etwa 40 Stück

150 g Marzipan-Rohmasse
1 Ei
100 g Puderzucker
125 g Butter
1 TL ger. Orangenschale
75 g Speisestärke (z. B. Mondamin)
75 g Mehl
30 g Kokosraspel
3 EL Cointreau
etwa 100 g weiße Kuvertüre
5 kandierte Orangenscheiben
2 EL Kokosraspel

1 Den Backofen auf 180 °C vorheizen. Für den Teig die Marzipan-Rohmasse klein hacken und mit Ei, Puderzucker, Butter, Orangenschale, Speisestärke, Mehl, Kokosraspeln und Cointreau in eine Schüssel geben und alles gut verrühren.

2 Den Teig in einen Spritzbeutel mit Lochtülle geben und in Papier-Pralinenförmchen bis knapp zum Rand einfüllen. Im Backofen (Mitte; Gas 2–3; Umluft 160 °C) etwa 15 Minuten backen.

3 Das Konfekt aus dem Backofen nehmen, erkalten lassen. Zum Verzieren die Kuvertüre im heißen Wasserbad schmelzen lassen. Die kandierten Orangenscheiben in kleine Stücke schneiden. Das Konfekt mit der Kuvertüre bestreichen, mit den Kokosraspeln bestreuen und mit den Orangenstücken verzieren, trocknen lassen.

Tips

Sie können den Teig auch mit einem Teelöffel in die Förmchen geben.
Wenn Kinder mitessen, statt Cointreau Orangensaft nehmen. Weniger süß wird das Konfekt übrigens mit Zartbitter-Kuvertüre.

Pistazien-Zitronen-Cookies

Für etwa 35 Stück

150 g Butter
125 g Zucker
350 g Mehl
1 Ei
1 Msp. Salz
1 TL Backpulver
1 TL ger. Zitronenschale
100 g geh. Pistazien
grüne Lebensmittelfarbe

1 Butter und Zucker cremig rühren. Das Ei unterrühren. Nach und nach das Mehl, Salz und Backpulver unter den Teig mengen.

2 Den Teig halbieren. Eine Hälfte mit Zitronenschale, die andere Hälfte mit den gehackten Pistazien und der grünen Lebensmittelfarbe mischen. Je eine Kugel formen und in Frischhaltefolie gewickelt 1–2 Stunden kalt stellen.

3 Die beiden Teige auf einer bemehlten Arbeitsfläche ausrollen, aufeinanderlegen, fest aufrollen und nochmals etwa 1 Stunde kalt stellen.

4 Den Backofen auf 200 °C vorheizen. Ein Backblech fetten. Die Rolle in etwa ½ cm dicke Scheiben schneiden, auf das Backblech legen und im Backofen (Mitte; Gas 3–4; Umluft 180 °C) etwa 15 Minuten backen.

Kokos-Orangen-Konfekt

Getränkte Orangen-Muffins

Für 12 Stück
75 g Mehl
175 g Speisestärke (z. B. Mondamin)
1 TL Backpulver
75 g Zucker
3 Eier
175 g zerlassene Butter
1–2 TL ger. Orangenschale
⅛ l Orangensaft
2 EL Orangenlikör
Zum Verzieren
kandierte Orangen
rote Belegkirschen
Puderzucker

\ Den Backofen auf 200 °C vorheizen. Ein Muffinblech fetten oder Papierförmchen hineinsetzen.

2 Mehl, Speisestärke, Backpulver und Zucker mischen. Eier, Butter und Orangenschale verquirlen, die Mehlmischung unterrühren.

3 Die Muffinmulden zu etwa ⅔ mit Teig füllen. Die Muffins im Backofen (Mitte; Gas 3–4; Umluft 180 °C) 20–25 Minuten backen. Aus dem Backofen nehmen und in der Form etwa 5 Minuten abkühlen lassen. Dann herauslösen. Die Muffins oben mit einer Gabel mehrmals einstechen.

4 Den Orangensaft mit dem Likör verrühren. Die Muffins damit tränken. Zum Verzieren die kandierten Orangen vierteln, mit den Belegkirschen auf Holzspießchen in die Muffins stecken. Mit Puderzucker bestäuben.

Frischkäse-Muffins mit Ananas

Für 12 Stück
1 Glas Ananasstücke (200 g)
2 Eier
300 g Mehl
120 g brauner Zucker
2 TL Backpulver
1 Msp. Salz
100 ml Milch
80 g zerlassene Butter
½ Pck. Vanillezucker
100 g Doppelrahm-Frischkäse

\ Den Backofen auf 200 °C vorheizen. Ein Muffinblech fetten oder Papierförmchen hineinsetzen. Die Ananasstücke abtropfen lassen. Die Eier trennen.

2 In einer Schüssel Mehl, 100 g Zucker, Backpulver und Salz mischen. In einer zweiten Schüssel Eigelb, Milch, Butter und Vanillezucker verrühren. Zur Mehlmischung geben und alles gut miteinander vermengen. Eiweiß steif schlagen und unterheben.

3 Von dem Teig etwa 1 EL in jede Muffinmulde füllen. Jeweils 1 TL Doppelrahm-Frischkäse und 2–3 Ananasstücke in die Mitte setzen, mit dem restlichen Zucker bestreuen und wieder je 1 EL Teig daraufgeben.

4 Die Muffins im Backofen (Mitte; Gas 3–4; Umluft 180 °C) etwa 25 Minuten backen.

Getränkte Orangen-Muffins

Kleine Birnen-Pies

1 Für den Teig Mehl, Salz und Zucker in einer Schüssel mischen. Die Butter in Flöckchen darauf verteilen. Etwa 8 EL kaltes Wasser dazugeben und alles rasch zu einem elastischen Teig verkneten. Zur Kugel formen und zugedeckt 1 Stunde kalt stellen.

2 Ein Muffinblech fetten. Für die Füllung die Birnen schälen, vierteln und die Kerngehäuse entfernen. Danach in feine Scheiben schneiden. Mit dem Zitronensaft beträufeln. Die Birnenstücke mit Zimt, Butter, Honig, Rosinen und 50 g Walnüssen mischen.

3 Den Backofen auf 220 °C vorheizen. ⅔ des Teiges auf wenig Mehl etwa 3 mm dick ausrollen. Kreise in Größe der Muffinmulden ausstechen und die Mulden damit auskleiden. Die restlichen Walnüsse auf den Böden verteilen. Die Birnenfüllung auf den Teigböden verteilen. Den restlichen Teig ausrollen und Deckel ausstechen. Die Deckel auf die Füllung legen, die Ränder festdrücken. Die Teigdeckel mit einer Gabel mehrmals einstechen.

4 Die Pies im Backofen (unten; Gas 4–5; Umluft 200 °C) etwa 10 Minuten backen. Dann die Hitze auf 200 °C (Gas 3–4; Umluft 180 °C) reduzieren und die Pies in etwa 40 Minuten fertigbacken.

5 Die Pies aus dem Backofen nehmen, in der Form etwa 5 Minuten abkühlen lassen, dann vorsichtig herauslösen und auf einem Kuchengitter vollständig auskühlen lassen.

Tip

Dazu schmeckt halbsteif geschlagene Sahne, die Sie mit einem Schuß Amaretto verfeinern können.

Register